ブックレット《アジアを学ぼう》50

世俗主義と民主主義

家族法と統一民法典のインド近現代史

藤音晃明

風響社

JN130597

世俗主義と民主主義――家族法と統一民法典のインド近現代史

藤音晃明

はじめに――運命との約束

「遠い昔、私たちは運命と約束をした。いま、その誓約を果たす時がやってきた。……鐘が真夜中を告げ、世界が眠るその時に、インドは生命と自由に目覚めるであろう」

一九四七年八月一五日、インドはイギリスの植民地支配から独立した。右に引用した文章は、独立の瞬間が数十分後に迫った八月一四日の夜半に、初代首相ジャワーハルラール・ネルーが制憲議会で行った演説の一節である。のちに「運命との約束」として語り継がれることになるこの名演説には、長年の独立闘争の末に自由を勝ち取ったインド国民の、沸き立つような喜びが表現されているかに見える。史上最大の植民地帝国を築いたイギリスが、その最も重要な植民地であったインドを喪失したことは、間違いなく世界史の一時代を画する出来事であった。

だが実は、ネルーを含めインドの指導者たちの間に、独立を手放しで祝う雰囲気はなかった。なぜなら、インドの脱植民地化はパキスタンとの分離独立という形を取ったのであり、東西の国境付近ではヒンドゥー教徒、シク教

写真１　演説するネルー　出典：Wikimedia Commons

徒とイスラーム教徒の間で宗教紛争が勃発していたからである。独立運動を指揮したM・K・ガーンディーは印パ分離を「生体解剖」と呼んで祝賀式典への参加を拒否し、カルカッタのスラム街で独立の日を迎えた。彼は前年来、暴動の頻発していたベンガル地方を行脚して人々に諸宗教の宥和を訴えていたのであった。

特定の宗教（イスラーム教）を核として建国されたパキスタンとは対照的に、インドは国家と宗教の関係を規定する原理として世俗主義（secularism）を採用した。つまり、国教を設けず、国家が全ての宗教を平等に扱うことを原則としたのである。世俗主義という言葉が憲法前文に加えられたのは一九七六年のことであるが、それが独立当初から一貫して国家のあり方を規定する根本原則であったことは議論のないところである。だが、インドとパキスタンの分離が、全インドムスリム連盟（All India Muslim League）の主張する「二民族論」、すなわちヒンドゥー教徒とイスラーム教徒は別個の「民族」であり、一つの国の中で共存することはできない、という理念に基づいて引き起こされたことを考えるならば、インドの世俗主義はある意味においてはじめから破綻していた、いや破綻から出発したともいえるのであった。

世俗主義によく似た概念の一つに、政教分離主義がある。日本国憲法が政教分離原則を標榜していることはよく知られているが、インドの世俗主義は、それとは性格をやや異にすることに注意する必要がある。日本においては、憲法第二〇条に「国及びその機関は、宗教教育その他いかなる宗教活動もしてはならない」という規定があり、首相や閣僚の靖国神社参拝がしばしば問題になることから分かるように、国家と宗教は厳格に分離されなくてはならないと考えられる傾向が強い。それに対してインドの世俗主義は、国家と宗教の分離というよりはむしろ、国家が特定の宗教に肩入れせず、宗教的多様性を肯定することに力点が置かれている。したがってインド憲法は個人の信教の自由を認めるにとどまらず、第二六条や第三〇条で宗教コミュニティに対しても各種の権利を保障している。

日本国憲法の政教分離原則とインドの世俗主義の違いが端的に現われているのは、両国における宗教的祭日の扱いであろう。日本では、お盆やクリスマスは、それらが現実には国民的行事と言っていいほど広く行われているにもかかわらず、法定休日とはされていない。それは言うまでもなく、これらが本来的には宗教行事であるために、それを国民の休日とすることは政教分離原則に抵触すると考えられているためであろう。それに対してインドでは、ヒンドゥー教のディワーリー、イスラーム教のイード、キリスト教のクリスマスなど、諸宗教の祝祭日が国民の休日になっている。日本の政教分離原則が、宗教の存在に目をつぶることを政府に要求するのに対し、インドの世俗主義は「この社会には複数の宗教があり、それは人々の暮らしに深い影響を及ぼしている」という現実を直視するところからスタートしていると言えるかもしれない。

そうしたインド型世俗主義の精神をある面で体現しているともいえるのが、宗教別家族法の存在である。[1]家族法とは、婚姻（結婚と離婚）、相続、養子縁組、扶養、後見、監護といった、家族に関する事柄を扱う法律の総称であり、日本で言えば民法第四編「親族」と第五編「相続」がおよそこれに相当する。面白いことに、インドでは万人に適用される統一的な家族法が存在せず、その代わりに主要な宗教コミュニティが、それぞれの聖典の規定や慣習をゆるやかに反映した家族法を持っている。ヒンドゥー教徒の家族法（シク教徒、仏教徒、ジャイナ教徒にも適用される）は独立後に大規模な法改正がなされ、重婚の非合法化や離婚制度の整備などの改革が行われたが、少数派コミュニティ（イスラーム教徒、キリスト教徒、ゾロアスター教徒、ユダヤ教徒）の家族法は抜本的な改革を経ることなく、植民地時代のものが独立後も継続して使用されている。

だが、かりそめにもインドが国民国家であるならば、国民はその宗教的帰属にかかわらず、同一の法の適用を受けなければならないのではないだろうか。また、家族法分野における宗教コミュニティの自己決定権を手放しに肯定するならば、仮にある宗教の掟や慣習が社会的弱者に対して抑圧的な内容を含む場合、その施行を許すことによって国家が人権侵害を追認することになってしまうのではないだろうか。

それゆえに、宗教別家族法に代えて全インド国民に適用される新しい家族法を制定しようという動きは独立前から存在した。たとえば、一八七二年に成立した特別婚姻法（Special Marriage Act）は、当初は非常に限られた集団にのみ適用される法律だったのだが、改革派の指導者たちはこれをすべてのインド人に適用可能なものにしようとし、法改正の努力を行った。改革者たちは、この法律が宗教の垣根を超えて多くの国民に受け入れられ、ゆくゆくは統一民法典（Uniform Civil Code）制定への第一歩になることを期待していた。

独立後の初代首相ジャワーハルラール・ネルーも、統一民法典を制定することが望ましいという考えの持ち主だったとされる。しかし現実には「時がまだ熟していない」として制定に踏み切らず、当面の課題としてヒンドゥー家族法の改革に注力することを選択した［*Smt. Sarla Mudgal, President, Kalyani and Ors. v. Union of India and Ors.*, 1995］。

一九五〇年に施行されたインド憲法は、その第四四条で国家が統一民法典制定のために努力すべきことを規定している。しかし、その条項には強制力がなく、また実現までの期限も指定されていなかったことから、この措置は実質的に統一民法典の制定を無期限に棚上げすることを意味した。統一民法典の制定は今日盛んに議論される問題であるが、本書が執筆された二〇一八年現在においても、それが実現する見通しはまだ立っていないというのが現状である。

本書は、家族法と統一民法典の問題に焦点を当てつつ、近現代のインドを理解するための視点を読者に提供することを目的とする。法律というと、一般には小難しくて退屈なイメージがあるかもしれない。だが、インドの家族法は決してそのようなものではない。それは政治と宗教の交錯点であり、集団のアイデンティティを賭けた主張がぶつかり合う闘争の場である。そして統一民法典をめぐるさまざまな議論は、国家と宗教のあるべき関係を模索する営みにほかならず、それは言い換えるならば、インドの国是である「世俗主義」という概念に内実を与えるための試行錯誤であるともいえるだろう。

一　イギリス支配下での家族法の生成と展開

インドの家族法制度は、イギリス植民地時代にその起源を持っている。本節ではイギリスのインド進出に始まる植民地時代の歴史を概観しつつ、イギリス人支配者が家族法をどのように扱ったのか、そしてそれがインド人にとってどのような意味を持ったのかを議論してみたい。

1　宗教別家族法制度の確立

一六〇〇年にロンドンで東インド会社が設立され、イギリスが本格的にアジアとの貿易に乗り出したとき、最大のライバルとして立ちはだかったのはオランダであった。オランダ東インド会社は、設立こそイギリスにわずかに遅れたものの、約一〇倍の資本金を有し、組織力、軍事力の点でもイギリスを圧倒していた。彼らはコショウの産地として当時最も利潤の大きかった東南アジアの植民地化を進め、他のヨーロッパ勢力を市場から締め出した。それゆえにイギリスは東南アジアに拠点を築くことができず、代わりにインドに目を向けることを余儀なくされたのであった。

当時のインドでは、ムガル帝国がその全盛期を迎えていた。当然、イギリスが軍事力でインドを征服するなど思いもよらぬことであり、彼らはムガル皇帝の勅許を得てスーラトに商館を開設し、インドでの商業活動を開始した。イギリスは一七世紀のうちに南インドのマドラス、ベンガル地方のカルカッタ、そして西インドのボンベイに拠点を確保し、インド進出の地歩を固めた。

続く一八世紀は、ムガル帝国の凋落に乗じて各地で諸侯が勢力を伸ばし、群雄割拠した戦乱の時代であった。イギリス東インド会社も、フランスや現地勢力と抗争を繰り返しながら徐々に力をつけ、やがてインド亜大陸の覇者にのし上がっていった。

イギリス植民地の司法制度について言えば、当初東インド会社が司法権を行使できる対象はその社員に限定されていた。しかしマドラス、カルカッタ、ボンベイの管区が発展し、会社がその地の支配者としての性格を持つようになると、住民のインド人も会社の法廷で裁きを受けるようになった。だがこの段階では三管区の司法制度はそれぞれ独自の発展を遂げており、統一性を持たなかった。

そうした状況を大きく変えたのが、英国王ジョージ一世が一七二六年に発布した特許状である。この特許状により、三管区のそれぞれに民事裁判所と刑事裁判所を設置することが定められ、しかもその権威は会社ではなく国王に属するとされた。これにより管区の司法制度がイギリス本国の司法制度に接続され、イギリス法がインドに導入・定着するための回路が開かれた。

イギリス植民地政府の法律行政に一大転機が訪れたのは、一七七二年のことである。この年ベンガル知事に就任したウォレン・ヘースティングズは司法制度の改革に着手し、会社が支配する各県に民事裁判所と刑事裁判所を、そしてカルカッタにその控訴院を置いた。民事裁判所ではイギリス人が裁判官を務め、刑事裁判所ではムスリム裁判官によるイスラーム刑法の適用が行われた。さらに翌一七七三年の規制法（Regulating Act）のもと、カルカッタに最高裁判所が開設され、同時にベンガル知事は総督に格上げされて、インド統治の中央集権化が進んだ。

本書の議論との関係上重要なことは、一七七二年に県レベルでの民事裁判所の開設が決まったとき、家族法とカーストや宗教に関わる分野では「ムスリムにはクルアーンの法を、ヒンドゥーにはシャーストラの法を」、つまり統一的な法を導入する代わりに、宗教コミュニティの法に基づいて裁判を行う方針が明らかにされたことである。訴訟当事者の宗教・宗派が異なる場合は、被告側の法が適用されると定められた。さらに一七八一年には、相続、動産、賃貸、契約などの分野でも同様の方針が示され、私法の幅広い分野において、宗教法が準拠されることになった［伊藤 二〇〇五］。

ヘースティングズが示したこの方針ゆえに、司法業務に携わるイギリス人官僚や裁判官にとっては、インドの宗教法、特に二大宗教であるヒンドゥー教とイスラーム教の法体系を理解することが喫緊の課題になった。宗教法の研究は、オリエンタリストと呼ばれるイギリス人古典学者と現地人法学者の共同作業で進められた。その過程で、ヒンドゥー法はダルマシャーストラと呼ばれる一群のサンスクリット文献を法源とし、ミタークシャラー学派とダーヤバーガ学派の二大法学派に大別されるという基本的な理解が形成された。イスラーム法に関しては、インドで最も有力なハナフィー学派（スンナ派四大法学派の一つ）の権威ある法学書『ヒダーヤ』を中心とする理解がなされた［Jain 1966: 697-725］。

このようにして植民地政府は、表面上は宗教法の伝統を尊重する姿勢を見せた。だが司法の現場においては、イギリス人裁判官たちはイギリス法の原則に基づいた解釈を行ったために、判例を通じてヒンドゥー法とイスラーム法の中にイギリス法的要素が導入され、アングロ・ヒンドゥー法およびアングロ・ムハンマダン法と呼ばれる独特な法体系を生み出すことになった。

こうした制度には実務上さまざまな問題があったために、一九世紀半ば以降、アングロ・ヒンドゥー法、アングロ・ムハンマダン法を廃止して、イギリス法的な一般法に置き換える動きが進んだ。ところが家族法分野はこうし

た動きの影響を受けず、主要な宗教コミュニティがそれぞれの宗教・慣習法を持つという状況が存続することになった。(2)

植民地政府が家族法分野での宗教・慣習法の存続を認めた背景には、インド社会は宗教によって分断されているという彼らのインド観があり、そのうえで安定的税収を確保するためには、宗教や社会慣習に関して不干渉政策をとるのが賢明であるという現実主義的打算があった。しかし同時に、イギリス本国の世論は植民地政府がインドで「文明化の使命」を果たすことを期待していたため、非文明的と考えられた諸慣習に対しては一九世紀前半から介入が行われた。サティー（夫の死に際して寡婦が殉死するという、インドの一部で見られた習慣）の禁止（一八二九年）と、寡婦再婚の合法化（一八五六年）はその代表例である。これらは本国の世論に対してインド支配の正当性を示すという植民地政府の要請にこたえるものであったが、こうした一連の社会改革的政策において実際のイニシアティブを取ったのは、植民地政府よりもむしろ当時台頭しつつあったインド人中間層の指導者たちであった。この点については後ほど再び触れたい。

ここで、インドの諸宗教についてひとこと解説を加えておこう。インドは多宗教社会であり、今日の人口比から言うと、ヒンドゥー教（約八〇パーセント）、イスラーム教（約一四パーセント）、キリスト教、シク教（各二パーセント前後）、仏教、ジャイナ教、ゾロアスター教、その他（各一パーセント未満）という構成になっている。このうち圧倒的多数を占めるヒンドゥー教は、仏教登場以前からインドに存在したヴェーダの宗教と、種々雑多な在地信仰が混交して成立したものである。特定の開祖も聖典もなく、また膨大な数の神格が存在するため、ヒンドゥー教は極めて多面的な性格を持っており、公式教義と呼べるものは存在しない。インド社会の根本原理であるカースト制度は、ヒンドゥー教と不可分の関係にある。

ヒンドゥー教に次いで多くの信徒を持つイスラーム教は、西アジア起源の外来宗教である。インドでは中世に多数のイスラーム王朝が成立し、大きな政治的・文化的影響力を持った。ムガル帝国もまた、そうしたイスラーム王朝の一つである。中世には、政治権力を持つ少数派のイスラーム教徒と、被支配民である多数派のヒンドゥー教徒の間で、ある種のバランスが保たれていたと考えられる。しかし植民地時代の到来によりイスラーム教徒は政治的優位を失い、インドとパキスタンの分離は、彼らの力をいっそう削ぐ結果となった。今日のインドでは、様々な分野で顕著な成功を収めているイスラーム教徒がいる一方で、コミュニティ全体としては経済的・社会的に極めて低い水準にとどまっている。

ヒンドゥー教とイスラーム教以外の宗教コミュニティは、人口比は小さいものの、それぞれインド社会で独特の地位を築いている。キリスト教は、一二使徒の一人である聖トマスが布教したという伝承があるほどで、インドにおける歴史はきわめて古い。現存するインド最古のキリスト教コミュニティは、典礼語としてシリア語を用いることからシリアン・クリスチャンと呼ばれる。一五一〇年から一九六一年までポルトガルの支配を受けた西インドのゴアではカトリックが定着した。その他、一九世紀以降東北インドにアメリカのバプテスト教会が広まるなど、インドのキリスト教は実に多様な様相を呈している。

シク教はインドの主要な諸宗教の中では最も新しく、一五世紀にパンジャーブ地方で誕生した。ヒンドゥー教とイスラーム教双方の影響を受けており、男性は多くの場合ひげを蓄え頭にターバンを巻いているのが特徴である。仏教は中世以降衰退していたが、近代に入り不可触民の仏教改宗運動が起こって勢力を回復した。一九五九年以降インドに流入・定着したチベット難民も大半が仏教徒である。ジャイナ教は仏教とほぼ同時期・同地域に生まれた宗教で、非暴力主義と厳しい戒律を特徴とする。ゾロアスター教徒（パールシー）は、人口的には七万人程度の超少数派であるが、タタ財閥をはじめ実業界で大きな存在感を放っている。

2　社会・宗教改革とその限界

イギリスによるインドの植民地化は、一八五七年に勃発した大反乱の鎮圧によって完成した。翌五八年に東インド会社は解散し、イギリス政府によるインドの直接統治が始まった。一方で、在来領主の支配の継続が認められた地域も多く、彼らの領土は藩王国と呼ばれた。藩王は軍事と外交を除いては自治権を認められたが、しばしばイギリス人駐在官の内政干渉を受けた。藩王国の規模は大小さまざまであり、その総数は五〇〇を超え、総面積は英領インドの四〇パーセント余りを占めた。

「七つの海を支配する」と形容されたイギリス帝国であるが、当初その中核をなしていたのは、北米植民地、西アフリカ、西インド諸島、そしてイギリス本国からなる、環大西洋世界であった。ところが一八世紀末にアメリカ合衆国が独立したことを一つの契機として、イギリス帝国はその重心をアジアに移し、中でも圧倒的に重要な地位を占めることになったのがインドであった。元来インドはイギリスに対する綿製品の輸出国であったが、産業革命以降その関係が逆転し、インドはイギリスに原料の綿花を輸出すると同時に、イギリス製綿製品に巨大な市場を提供する存在になった。インドではアジアで最も早く一八五〇年代から鉄道網の整備が進んだが、それもイギリス製品の市場開拓と、原料の輸送コスト削減を狙ったイギリス政府の思惑によるものであった。

一九世紀後半以降、インドに対するイギリス経済の依存度はますます高まった。当時、ドイツとアメリカの急速な工業化に伴ってイギリスは「世界の工場」の地位を失い、一八九〇年代には深刻な不況に見舞われていた。こうした苦境を打破したのが、インドをその要とする多角的決済機構である。つまり、イギリスはドイツやアメリカに対して貿易赤字だったが、一方これらの国々は原料供給国であるインドに対して膨大な貿易赤字を抱えていた。インドはこうして得た利益をイギリス製品の購入に充てる。このようにして、たとえイギリスが対独、対米貿易でどれほど赤字を出そうとも、対インド貿易でそれを上回る利益を上げることで赤字を帳消しにできたのである。

加えて、インドで行われる鉄道建設や各種の公共事業は、イギリスにとって優良な投資先となった。つまり、イギリスはインド植民地政府の発行する債券や鉄道会社の証券を購入し、その利子によって莫大な利益を上げたのである。一九世紀後半から二〇世紀前半にかけて、イギリスは産業中心から金融中心の経済体制へと転換を図っていくが、その屋台骨を支えていたのがインドであった。

イギリス帝国に対するインドの貢献は貿易と金融のみにとどまらない。特筆すべきは労働力と軍事面でのインドの役割である。まず労働力に関して言うと、一八三三年にイギリス帝国内での奴隷制が廃止された時、その穴を埋めたのがインドの年季契約労働者であった。彼らはアフリカやカリブ海地域に移民し、砂糖プランテーションなどでの労働に従事した。

軍事的には、インド軍兵士は世界各地に散らばるイギリス植民地に派遣されて現地の防衛を担っていた。有事の兵員補充でもイギリスはインドに大きく依存し、第一次世界大戦では一〇九万六〇〇〇人、第二次世界大戦では二一五万人のインド人が海外に派兵されて、イギリス帝国防衛のために戦った［秋田　二〇一二］。もちろんこれは、ほかのどの植民地と比較しても圧倒的に巨大な貢献である。一八九九年から一九〇五年までインド総督を務めたカーゾン卿が、「インドを支配している限り、我々は世界最強の大国である。もしインドを失えば、我々はたちまち三等国に転落するだろう」と語ったのも当然であろう［Mansergh 1969: 256］。

このようなインドを、いつしかイギリス人たちは「王冠の宝石（the jewel in the crown）という異名で呼ぶようになった。インドはイギリス帝国という王冠の中央に燦然と輝く美しい宝石であり、それを維持することはイギリスの世界戦略上、最優先課題になったのである。イギリスが本国とインドの連絡路を確保するためにスエズ運河を買収したのも、ロシアの南下を阻止するべく「グレート・ゲーム」（中央アジアを主な舞台とする、英露の覇権争い）を戦ったのも、すべてはインドを守るためであった。

家族法に話題を戻そう。すでに述べたように、ヘースティングズ総督の発布した司法計画により、家族法分野ではそれぞれのコミュニティの宗教法の適用が原則とされていた。ヘースティングズはインドの文化伝統を高く評価しており、法律に関しても、現地の法を存続させるのが最も効率の良い方法であるという考えの持ち主であったとされる。だが彼の退任後、こうした姿勢は次世代に継承されず、代わってインドにおける文明の不在を強調する議論がイギリスで優勢になる。時を同じくしてイギリスではキリスト教福音主義が隆盛し、「文明化の使命」を果たすべくインド人の社会慣行に介入するよう植民地政府に圧力をかけた。一八一三年に東インド会社領内でのキリスト教宣教が解禁されて以降、彼らの活動は一層活発になった。

宣教師たちは、インド社会に見られる数々の「陋習《ろうしゅう》」に対して仮借なき批判を展開した。彼らが特に問題にしたのは、サティー、寡婦再婚の禁止、幼児婚、女嬰児殺しといった慣行に見られるような、インド社会における女性の地位の低さであった。彼らの批判に刺戟されて、当時擡頭しつつあったインド人中間層の間から起こったのが、社会・宗教改革と総称される一連の改革運動である。この運動の中からラーム・モーハン・ローイ、ヴィッディヤーサーガルなどの著名な改革者が輩出した。彼らの活動は、一八二九年のベンガル・サティー規制法（Bengal Sati Regulation）、一八五六年のヒンドゥー寡婦再婚法（Hindu Widows' Remarriage Act）、一八九二年の承諾年齢法（Age of Consent Act）といった、一連の改革立法として結実した。

これらの法律名を一見しただけでも明らかなように、一九世紀の社会・宗教改革で取り上げられた諸問題は家族法の分野に関わるものであり、特に家庭内での女性の地位に関わる問題であった。これらは、本来的にはイギリス人宣教師らによって提起された問題であったが、インド人中間層の側にも、それを取り上げるべき積極的な理由があったと考えられる。

いまだインド人の政治参加が著しく制限されていた一九世紀には、彼らは植民地国家の公的空間において周縁的な地位に置かれていた。それに対して、家庭などの私的空間においては比較的インド人の自由裁量が認められる余地があり、そうした私的空間の中心に位置するのが女性だったのである。だからこそ、インドの知識人たちは女性に関わる問題を積極的に取り上げ、それを議論することを通じて、あるべきインド社会の姿を模索したのであった。この頃には新聞や雑誌が次々と発刊され、そうしたことを論じるための舞台が用意されていたことも指摘すべきだろう。つまり、植民地支配下で新たに登場したインド人中間層のアイデンティティ形成において、家庭と女性は中心的テーマだった。そして彼らのアイデンティティの探求は、家族法をめぐる議論という形で表現されたのであった。

一九世紀の改革者たちが目指したのは、対策法を制定することによって、当時問題とされていた各種の社会慣習を改めることであった。その背景には、法を変えれば社会も変わるという、彼らの信念があったと考えられる。だがその後の歴史は、現実が改革者の思惑通りには運ばなかったことを示していると言えよう。結局のところ、西洋近代の影響を受けた彼らの思想は、大衆の価値観から大きく乖離したものであったし、人々の側には、法によって家庭生活にまで介入してくる近代国家という存在を受け入れる用意がなかったからである。

一九世紀の社会・宗教改革では全くと言っていいほど取り上げられなかった問題もあった。その一つが、女性の相続権の問題である。ヒンドゥー教徒の伝統的な家族制度における女性の相続権は著しく限定されたものであったが、それが改革者たちの注目を集めるのは、もっぱら二〇世紀になってからのことであった。

3　コミュニティ間関係の変容

インドを宗教によって分断された社会とみなすイギリス植民地政府の見方が、植民地化以前のインドの実態を正しく捉えたものであったかどうかは議論の余地がある。前近代のインドにおいて、キリスト教やイスラーム教といった外来の宗教とインド土着の宗教は相互に影響し合い、各地で混淆的な宗教文化を生み出していた。西アジアのイスラーム文化と南アジアのヒンドゥー文化が出会うパンジャーブ地方において、その双方の影響を色濃く受けたシク教が生まれたのはその一例である。人々の意識の面でも、前近代には今日ほど明確な宗教的アイデンティティは存在しなかったであろう。なぜなら、ベネディクト・アンダーソンが『想像の共同体』の中で明らかにしたように、超域的なアイデンティティ、つまり親族や村落よりも大規模で抽象的な人間の集団を想像し、自分をその一員とみなす意識（ナショナリズムはその典型である）は、出版事業や官僚制など、近代の産物という側面が強いからである［アンダーソン 二〇〇七］。しかし、イギリスのインド観が仮に不正確なものであったとしても、それに基づいて彼らが植民地行政を行ったことは、インド人の宗教的アイデンティティを覚醒させ、結果的に「宗教によって分断された社会」という彼らのインド観を現実化する効果を持った。

ヒンドゥー教について言えば、前近代には、一個のまとまった宗教としての「ヒンドゥー教」なるものはどこにも存在しなかったと言っていいだろう。先述の通り、ヒンドゥー教はその教義や実践の形態が極端に多様である上に、社会は無数のカースト集団に細分化されていたからである。そもそもヒンドゥーという言葉は他称であり、つまりは外側からインドを観察する者が現地人に対して与えた、極めて大雑把な集団範疇であった。だが、イスラーム教やキリスト教と並列的に論じうる宗教としての「ヒンドゥー教」の存在を措定する植民地政府の諸政策は、結果として人々の間にヒンドゥー教徒としてのアイデンティティを育むことになった。

近代的な宗教としてのヒンドゥー教の再構築が進んだのは、一九世紀のことである。一八二八年にヒンドゥー教の改革団体であるブラフモ・サマージを設立したラーム・モーハン・ローイなど、初期の指導者は旧来のヒンドゥー教に対して批判的なまなざしを向け、西洋的な価値観を取り入れた社会・宗教改革を唱道した。それに対して、一九世紀後半から二〇世紀前半にかけて活躍した宗教指導者、たとえばオーロビンド・ゴーシュやヴィヴェーカーナンダは、政治的ナショナリズムの高揚と歩調を合わせながら、ヒンドゥー教の伝統を積極的に評価する議論を展開した。

他方、インドのイスラーム教徒にとっても、植民地支配の到来は彼らの自己認識に大きな影響を与えずにはいなかった。中世においては支配階級だった彼らは、植民地化への対応が遅れたために、一九世紀には社会的・経済的にヒンドゥー教徒の後塵を拝する立場に立っていた。そうした状況への不満と反省が原動力となって現われたのが、サイード・アフマド・ハーンを中心とするアリーガル運動である。この運動は、イスラーム教徒に近代的高等教育を施すとともに、彼らの団結を図るものであった。またちょうどその頃、イスラーム活動家アフガーニーらの唱える汎イスラーム主義の影響がインドにもおよび、国境を越えたイスラーム教徒の連帯が叫ばれた。こうした一連の出来事はいずれも、インドムスリムの宗教的アイデンティティの顕在化につながっていった。

写真2　牝牛：この絵では、身体に神々を宿した牝牛を悪魔が攻撃しようとしている。牝牛崇拝はクリシュナ神信仰と結びつき、中世以降にインド各地に広まったとされる　出典：Wikimedia Commons

もう一度ヒンドゥー教に話を戻そう。地域やカーストの壁を超えた「ヒンドゥー教」の形成が模索されていた時、一つの有力なシンボルとして浮上したのは牝牛であった。デリー大学の歴史学者D・N・ジャーが明らかにしたように、牝牛は決して古代から一貫して神聖視されてきたわけではなく、現代のヒンドゥー教徒の間にも牛肉を口にする人々は存在する［Jha 2009］。しかし、一九世紀後半にはヒンドゥー復古団体のアーリア・サマージなどによって北インドを中心に牝牛保護運動が大規模に展開され、牝牛をヒンドゥー教のシンボルとみなす考え方が広く共有されるようになった。独立運動を指導したガーンディーも、牝牛の熱烈な崇拝者であったとされる。

牝牛保護運動の拡大は、ヒンドゥー教徒とイスラーム教徒の間の緊張を高めた。なぜなら、イスラーム教徒の間では牛肉食が一般的に行われており、屠畜業などに従事する者も多かったからである。かくして一九世紀末には、牝牛の問題をきっかけとする宗教暴動が各地で報告されるようになる。コミュナリズムの時代の到来である。

コミュナリズム（communalism）は、近現代のインドを考えるうえで最も重要な概念の一つである。それは、宗教を集団のアイデンティティを決定する第一の要因とみなす思考様式、および宗教コミュニティ間の対立・抗争を指す、南アジアに特徴的な用語である。インドにおいてコミュナリズムという場合、ヒンドゥー教徒とイスラーム教徒の関係を指して用いられることが大半であるが、インディラ・ガーンディー首相暗殺後にデリーで発生した反シク教徒暴動や、近年しばしば報告されているキリスト教徒をターゲットにしたヒンドゥー過激派の襲撃事件なども、コミュナリズムの現れとして理解されよう。

もちろん、ヒンドゥー教徒の牝牛保護運動とそれに対するイスラーム教徒の反発だけが、コミュナリズムの興起を促した唯一の要因ではない。そもそも牝牛保護運動の背景には、コミュニティの結束を自らの政治的利益に変えようとしたエリート層の思惑があり、牝牛はそのための道具に過ぎなかったという解釈もある。また、それとほぼ同時期に、植民地政府の言語政策をめぐる大論争が起きていたことも見逃せない。その論争では、ヒンドゥー教徒がヒンディー語を、イスラーム教徒がウルドゥー語を支持し、やがてこれらの言語は両コミュニティの宗教的アイデンティティと深く結びついてゆくことになる。さらに二〇世紀になると、一九〇六年に結成されたムスリム連盟の活動と、一九〇九年のモーリー・ミントー改革で導入された分離選挙制度が、コミュニティ間の対立を深めた。

一九世紀後半をコミュナリズムの時代の幕開けとすると、それはインドとパキスタンの分離独立で一つの頂点に達した。ヒンドゥー教徒とイスラーム教徒をそれぞれ別個の民族と捉えるムスリム連盟の「二民族論」は、宗教によって集団のアイデンティティを規定し、そして集団間に対立関係を想定する典型的なコミュナリズムに他ならない。

一方、インドの独立運動を主導したインド国民会議派（Indian National Congress）は、宗教的差異を超えた民族的アイデンティティに基づく国民国家の創出を目指した。つまり、インドの掲げた世俗主義はコミュナリズム的な思考様式に対するアンチテーゼであり、それはすなわちパキスタンの建国理念の否定でもあった。印パ両国は、そのイデオロギー的性格においても根本的に対立しているわけである。

ヒンドゥー教徒とイスラーム教徒の間の緊張が高まったことは、図らずもインド支配を正当化する新たな根拠を植民地政府に提供することになった。すなわち、集団間の対立を調停し、治安を維持するためにイギリスはインドを支配しなくてはならない、という理屈である。インド人中間層が成長し、「文明化の使命」というかつてのスローガンが色あせていた一九世紀後半において、これは植民地支配の重要な大義名分になった。

コミュナリズムの高まりが家族法分野に及ぼした影響は両義的である。一方では、人々が自らの宗教的伝統に過度に意識的になったことは、保守的な世論の成長を促し、家族法改革の障害となった。合同家族（後述）をヒンドゥー教徒の伝統的家族形態とする言説が、ヒンドゥー家族法や特別婚姻法の改革を度々阻んだのはその一例である。だが他方では、自分たちこそが女性に対して最も公正であることを証明しようとする宗教コミュニティ間のライバル関係が、戦間期の家族法改革の原動力になったとするロンドン大学のインド研究者エレノア・ニュービギンの指摘もある［Newbigin 2013］。いずれにせよ、家族法をめぐる議論がしばしば白熱した様相を呈したのは、人々がそれを宗教コミュニティの本質に関わる大問題とみなしたからであり、それは植民地体制下でのコミュニティ意識の覚醒なくしてはありえないことであった。

ヒンドゥー教徒の家族法に関してこの頃問題視され始めていたのは、女性の財産権の問題である。当時のヒンドゥー教徒の間では、複数の男兄弟がそれぞれの妻子を持ちつつ同居する合同家族（joint family）が規範的な家族形態とされていたが、この家族制度は家父長制的理念に基づき、相続は男系で行われるため、女性の財産権は極めて限定的であった。たとえば、植民地時代に最も広範な影響力を持ったヒンドゥー法学のミタークシャラー学派では、女性は合同家族の共有資産に対する財産権を持たず、娘は父親の個人資産に対する相続権もなく、寡婦も、孫の代まで含めて男性相続者がいない場合に限って夫の遺産を相続できるとされていた。

ヒンドゥー法に比べると、クルアーンなどを法源とするイスラーム法は女性の財産権をよりよく保障しているとされた。ところが、インドのイスラーム教徒の間では非イスラーム的な要素を多分に取り入れた慣習法が広く用いられており、現実問題として女性の財産権に関しては多くの課題を残していた。

それゆえに、インド人の参政権が拡大した二〇世紀、特に戦間期においては、女性の財産権が家族法改革の一大焦点になった。このように女性の問題が特に取り上げられた背景には、社会における女性の地位が文明化の指標であるとするイギリス功利主義思想の影響があり、そのうえでインドが脱植民地化する用意ができていることを内外に示すためには、女性の法的地位の改善が急務であるという改革者たちの理解があった。

4　民族運動の展開と植民地時代後期の家族法改革

二〇世紀に入ると、インド政治の世界では民族主義がその勢いを増し、最終的にはイギリス支配からの独立という形で結実することになる。一八八五年設立のインド国民会議派を中心とする民族運動は、当初は親英的なエリートがその担い手であり、インド人の政治参加拡大を植民地政府に要請するなどしていた。しかし、世紀転換期頃からこうした穏健派に代わって急進派が台頭し、スワラージ、すなわちインドの独立こそ民族運動の目標と公言するようになる。同時期の国際情勢、特に日露戦争における日本の勝利も、こうした急進的な民族運動をいっそう鼓舞する役割を果たした。アジアの小国である日本が西洋の大国ロシアを打倒することができるならば、必ずやインドがイギリスを駆逐することも可能である、と考えられたからである。

民族運動の弱体化を狙って一九〇五年に発布されたベンガル分割令は、かえってこうした急進派の活動をあおる結果となった。ストライキ、スワデーシー（国産品愛用）、イギリス製品のボイコットなどの運動はベンガルから他地域にも飛び火し、植民地政府はベンガル分割令の撤回を余儀なくされた。運動には学生や女性も多数参加し、未曾有の大衆運動となった。だが、急進派の指導者たちは民衆にそれ以上の指針を示すことができなかったために、政治意識の高い青年たちは秘密結社を組織して革命的テロリズムに身を投じた。

この時期の民族運動のもう一つの問題点は、大衆動員のために宗教的シンボルが利用されたことである。急進派の代表的指導者であったB・G・ティラクは、彼の出身地であるマハーラーシュトラで伝統的に行われていたガネーシャ神の祭礼を大規模化し、民族意識の高揚に利用した。だが、民族運動におけるヒンドゥー教的シンボルの利用は、必然的にイスラーム教徒の疎外を招き、宗教コミュニティ間の分断を深める危険を秘めていた。

一九一五年に南アフリカから帰国し、やがて民族運動の指導者になっていったガーンディーの天才性は、独創的な政治手法によって前時代の民族運動が抱えていたこれらの諸問題を克服したことにある。まず彼はアヒンサー、すなわち非暴力をその運動の根幹に据え、革命的テロリズムのような暴力的手法を否定した。加えて、彼は諸コミュニティの団結を重視し、ヒンドゥー教徒とイスラーム教徒の宥和を説くと共に、ヒンドゥー社会から疎外されていた不可触民の地位向上にも尽力した。彼の運動スタイルは、宗教や社会階層を超えて広く人々の共感を集めるものだったために、農民も含めた大衆動員が可能になり、インドが脱植民地化へと歩を進めるうえで極めて重要な役割を果たした。

一九世紀に家族法の法典化が見送られることになったとき、植民地政府の指導者がその理由として挙げたのは、家族法改革はインド人自身によって主導されるべきであり、そのためには「それを担うだけの能力を持った、インド人法律家たちの登場を待たなければならない」（C・P・イルバート）ということであった。後にインド人に政治参加への道が開かれた時、それにいち早く呼応したのはまさにこういった法律家たちであり、ガーンディー、ネルー、ジンナーといった独立運動期の指導者たちがいずれも弁護士資格を有していたことからも察せられるとおり、二〇世紀前半のインド政治において法律家たちは大きな影響力を持っていた。彼らの登場により、戦間期にはインド人が主導して家族法改革を行うための状況が整っていた。

一九二一年、ヒンドゥー教徒の議員二名が中心となり、ヒンドゥー家族法の法典化を植民地政府に要求した。これに対して政府は、家族法全体を一挙に法典化することはあまりにもリスクが大きいとして退けながらも、漸進的な改革ならば歓迎する姿勢を示した。こうして一九二〇、三〇年代には家族法に関わる改革法案が議会に次々と提出され、熱心な議論が行われることになった。

この時期に制定された最も重要な法律の一つが、一九三七年のヒンドゥー女性財産権法（Hindu Women's Right to Property Act）である。提唱者の名を取ってデーシュムク法とも呼ばれるこの法律は、従来相続権を持たなかったヒンドゥー教徒の寡婦に、夫の個人資産に対する相続権を付与するものであった。これは寡婦の経済的状況を劇的に向上させる可能性を秘めた改革であったが、合同家族の共有資産に対しては寡婦の相続権が認められず、また娘は父親の個人資産に対しても相続権を持たないなど、男女平等というにはほど遠い内容であった。

戦間期の家族法改革では、合同家族制度そのものも議論の対象になった。西洋教育を受けて地位と富を築いた新興中産階級の間には、合同家族制度の下では個人が限定的な財産権しか持てないことに対する不満が存在していた。ボンベイの法律家ジャイカルが中心となって成立させた一九二九年の新法（Gains of Learning Act）はそうした声を反映し、個人の財産権を強めると同時に、間接的にその妻である女性の財産権を向上させることを目指すものでもあった。だがこの頃までには、合同家族制度はヒンドゥー教の伝統である、という世論も一方では形成されており、家族制度に関わる改革は保守派の強硬な反対に遭って難航するのが常であった。

女性の財産権は、独立後の一九五六年に制定されたヒンドゥー相続法（Hindu Succession Act）でさらに一歩前進し、娘も父親の個人資産に対して男子と同等の相続権を持つことになった。しかし合同家族の制度は廃止されず、家族の共有資産に対して女性が権利を持たないのも以前と同様であった。（同法の制定から約半世紀が経った二〇〇五年に法改正がなされ、娘も合同家族の共有資産に対して息子と同等の権利を有することになった。これにより、この点に関してはようやく男女平等が実現した。）

同じころ、イスラーム教徒の間でも家族法改革への気運が高まっていた。従来、インドのイスラーム教徒の間では地域やコミュニティによって異なる慣習法が多く用いられており、植民地政府もシャリーア（イスラーム法）と慣習法の規定が対立した場合には、慣習法をしばしば優先していた。たとえば相続に関しては、資産の細分化に対する懸念から、女子を相続者から除外する慣習法が広く用いられていた。これはもちろん、女子の相続権を明確に保障するシャリーアの規定と矛盾するものであった。

こうした状況に対して、慣習法を廃してシャリーアに基づいた家族法を全インドのイスラーム教徒に適用することを目指す動きが現れてくる。こうした動きは、改革派の政治家によって主導されただけではなく、宗教的な立場からシャリーア第一主義を掲げるウラマー（イスラーム知識人）層の支持も得ていた。

こうした幅広い支持を受けて成立したのが、一九三七年のシャリーア適用法（Muslim Personal Law (Shariat) Application Act）である。法案を提出したH・M・アブドゥッラーは、出身地のパンジャーブでは農村部では慣習法、都市部ではシャリーアが用いられていることを指摘し、この矛盾を解消するためにシャリーアへの一本化を主張した。この措置はまた、女性の権利保護の観点からも正当化された。後にパキスタンの初代総督となるジンナーは、「慣習法の下でのムスリム女性の地位は不名誉の一語だ。慣習法が女性の権利を損なうため、複数のムスリムの女性団体がシャリーアの適用を求めてきた」として、アブドゥッラーの法案を支持した。この法案が成立した結果、農地は地方政府の管轄のためこの法律の対象にならず、また養子縁組などに関しては慣習法が保持されるなどの限界もあったが、それ以外ではシャリーアが普遍的に適用されることになり、イスラーム教徒の家族法をめぐる状況は一変した。全インドのイスラーム教徒が同じ法律に従うようになったことは、インドムスリムを単一のコミュニティと捉え、彼らの団結を目指すムスリム連盟の政治的意図にも合致するものであった。

シャリーア適用法と並んで重要なのが、一九三九年に成立したムスリム婚姻解消法（Dissolution of Muslim Marriages Act）である。インドで支配的なイスラーム法学派であるハナフィー学派の解釈では、女性側から離婚を請求するための条件が厳しく、実質的に彼女たちにとっては、イスラーム教を棄教することだけが離婚の手段であった。この法律はそうした状況の解決を目指すものであったが、女性の離婚権そのものはシャリーア適用法でもカバーされていたため、この法律の焦点は、むしろ離婚を目的とした棄教を防ぐという点にあった。シャリーア適用法においては、女性の権利に対する関心と宗教コミュニティの統合に対する関心が入り混じっていたが、ムスリム婚姻解消法は後者の性格がより強く出ていると言える。

この法案に対しては、一部のヒンドゥー教徒の議員から強い反対意見が表明された。西パンジャーブ出身で、右派団体ヒンドゥー・マハーサバーの党員でもあったある議員は、非ムスリムの女性がムスリムの男性に誘拐され、強制的に改宗・結婚させられる事件が多数発生しているとしたうえで、この法案は、そうした女性が不幸な結婚生活から逃れる道を閉ざすものだと批判した。この主張の根拠は明らかではないが、こうした意見が表明されるところに、宗教コミュニティ間の相互不信をうかがうことができよう。結局、修正後の法案では「ムスリムとして生まれた女性にとっては」棄教は離婚の根拠として認められない、という限定が加えられ（その代り棄教以外の離婚手段が整備された）、イスラーム教に改宗した女性には棄教（元の宗教への再改宗）による離婚という選択肢が保持されることになった。

このようにして、一九二〇年代から四〇年代にかけては、ヒンドゥー教徒とイスラーム教徒の双方で家族法改革が進められ、特に女性の財産権に関しては一定の成果がみられた。しかし、様々な問題を立法によって一つ一つ解決していくというやり方は法案の激増を招き、議会の負担にもなっていた。それゆえに、一九四一年に組織されたヒンドゥー法委員会（B・N・ラーオ委員長）は、漸進的な改革姿勢を改め、代わってヒンドゥー家族法全体を一括して法典化するよう政府に答申した。委員会は一九四四年に再結成され、一九四七年二月には結婚と離婚、相続、未成年者の後見、扶養と養子縁組、ミタークシャラー合同家族制度という五つの領域をカバーした新しいヒンドゥー家族法の草案を発表した。独立後の一九四八年、初代法相のB・R・アンベードカルを中心とする特別委員会が組織され、さらなる修正を加えたうえで、この法案（ヒンドゥー民法典法案と呼ばれた）は制憲議会での審議に掛けられることになった。

二　新国家の挑戦――憲法制定とヒンドゥー家族法改革

1　第二次世界大戦とインド独立

なぜイギリスは、その「王冠の宝石」であったインドを手放すに至ったのだろうか。独立に至るプロセスはインド近現代史の最も大きなテーマの一つであり、本書ではその概略すらも描くことは難しい。そもそも英領インドの脱植民地化は、インド人の独立闘争がイギリス帝国主義を打倒した結果と見るべきか、あるいはイギリスによる自発的な権力の移譲と見るべきか、それすらも万人を納得させる答えは見つかっていないのである。ただ一つ確かなことは、インドの独立は内政的要因だけでは説明できず、同時代の国際的状況を視野に入れなければならないということであろう。

第二次世界大戦の勃発がインド独立を早めたことは間違いない。ドイツとの長く苦しい戦いによってイギリスの国力は疲弊し、加えて独立運動の激化に伴う統治コストの増大は、インドにおける植民地経営を困難にしていた。だが、ことインドに関して言えば、ドイツよりもはるかに大きな打撃をイギリスに与えたのは日本であった。

日本は一九四一年一二月八日に英領マレー半島に上陸し、同日に英米に宣戦布告して第二次世界大戦に参戦した。その後、日本軍は迅速に東南アジアの攻略を進め、四二年二月一五日にシンガポールを、三月八日には英領ビルマの首都ラングーンを制圧した。翌月にはインド洋での海戦でイギリス海軍を破り、空襲で当時イギリス植民地だったスリランカの軍事拠点を破壊した。こうして、日本軍は短期間のうちに東南アジアのイギリス植民地を手中に収め、着実にインドへと迫っていた。

この緊迫した状況下で、イギリスはクリップス使節団を派遣し、国民会議派指導者らとの交渉を開始する。この時使節団が提案したのは、戦争協力の見返りに、戦争終結後インドに自治領としての地位を付与するということだった。インドの戦争協力を得るために、イギリスは最大限の譲歩を行ったわけである。これによりインドの独立が半ば約束された形になり、後はいつ独立するか、そしてどのような形で独立するかを決定することが、交渉の焦点になった。さらに、同年八月に始まった「クイット・インディア」運動は各地で大混乱を引き起こし、もはやイギリスにインドを統治する能力がないことを明らかにした。

このようにしてイギリスのインド撤退が不可避になったとしても、もう一つの大きな謎が残る。それは、英領インドはなぜインドとパキスタンに分離したのか、という問いである。しかもその分離は、国境線が引かれたパンジャーブ地方とベンガル地方を内戦状態に陥れ、一〇〇万人以上と推算される死者と、それよりもはるかに多くの難民を生み出した。なぜ分離独立がこれほどの犠牲を伴わなければならなかったのかという問いは、なぜ分離独立が行われたのかという問いと同じくらい重く、インド近現代史の難問として今日まで残されている課題である。

2　インド憲法の誕生

インドの独立に先立つこと約八か月の一九四六年一二月九日、制憲議会の初会合が開かれた。この議会はその名の示す通り、独立インドのための憲法作成を目的とするものであり、独立から一九五二年の第一回総選挙までの間は通常時の連邦議会に相当する立法府としても機能した。憲法の素案はヒンドゥー法委員会の委員長でもあったB・N・ラーオによって用意され、それを憲法起草委員会が吟味して詳細な草案を作成したうえで、制憲議会での審議が行われた。

新しい憲法の基本的な性格は、ジャワーハルラール・ネルーが一九四六年一二月一三日に制憲議会で行った演説と、その後に採択された決議の中で明らかにされた。この中でネルーは、独立インドは共和制国家であり、憲法は国民の各種の基本権を保障することを宣言したのである。それと同時に、「マイノリティ、後進・部族地域、ならびに被抑圧的・後進的階級に対しては十分な保護措置が取られる」として、憲法が個人の人権と並んで各種の集団権をも保障することが明らかにされた。このことは一見何の問題もないようであるが、それが宗教に関わったとき、独立インドの国是である世俗主義と、宗教コミュニティの集団権の間でどのように折り合いをつけるのかということに関して、様々な問題を提起することになった。

写真3　憲法起草委員会：前列中央がアンベードカル委員長　出典：*Frontline* 15 May 2015

憲法起草委員会の委員長に就任したのはB・R・アンベードカルである。ヒンドゥー社会において最も蔑まれ、虐げられてきた不可触民階級の出身である彼は、凄絶な差別と闘いながらも学問の世界で類稀な才能を発揮し、英米に留学して二つの博士号を獲得した。これが不可触民として前代未聞の快挙であったことは言うまでもない。帰国後は、政界の主流であった国民会議派やガーンディーと時に鋭く対立しながらも、不可触民の地位向上のために飽くなき闘争を続け、独立後は初代内閣の法務大臣に就任した。政治活動の合間に彼が執筆した著作のテーマは政治、経済、歴史、宗教など多分野に及び、彼の博覧強記ぶりを証明している。

憲法起草委員会の草案が完成し、その審議が制憲議会で始められた一九四八年一一月、多くの批判が向けられたのは、マイノリティの政治的権利に関連する第一四編（公布後の憲法では第一六編に対応）だった。草案の中では、マイノリティ（主として宗教的マイノリティが想定されていた）に留保議席などの政治的特権を与えることが規定されていたのだが、これに対して多くの議員が異を唱えたのである。彼らの懸念は、こうした措置が宗教コミュニティ間の分断を固定化し、ひいては国家の分裂につながりかねない、というところにあった。植民地時代後期に宗教対立が激化し、最終的にパキスタンとの分離という痛ましい形での独立を迎えたインドにとって、宗教コミュニティ間の溝を埋めることは最優先課題だったのである。クリシュナ・チャンドラ・シャルマーは、植民地時代にイスラーム教徒に留保議席を与えたことがパキスタンの分離独立につながったと議論し、そもそも民主国家においてはいかなる特権階級も存在すべきではないとの立場から、第一四編そのものが削除されるべきであるとした［Constituent Assembly Debates, 5 Nov. 1948］。最大の宗教マイノリティであるイスラーム教徒の議員からも、留保制度は宗教コミュニティ間の不和を生み、彼らにとって利益にならないとの見方が示された。結局、宗教的マイノリティは留保制度の対象にはならず、第一四編では主に指定カーストと指定部族、およびアングロ・インディアン（インド人と西洋人の混血的出自を持つ人々で、インド社会の一マイノリティ集団とみなされる）の政治的権利が扱われることになった。

制憲議会では全般的な議論に続いて草案の条項が一つ一つ検討された。国民の信教の自由を保障した第一九条（公布後の憲法では第二五条）の審議が始まったのは一九四八年一二月三日である。その第一項は「公共の秩序、道徳、衛生、および本編の他の規定に抵触しない限りにおいて、すべての人は等しく良心の自由を有し、また宗教を自由に信仰、実践、宣教する権利を持つ」というものであったが、これに対して複数の議員が様々な修正案を提出した。タージャームル・フセインは、宗教は人と神との間の私的な営みであるべきだとして、「宣教する」という語句を削除することを提案した。彼はまた、第一項への補足として「いかなる人も、それによって宗教が明らかになるような印や名前、服装を身につけてはならない」という規定を提案したが、これも宗教はあくまで個人の内面に限定されるべきだという考えに基づくものであった（いずれも否決）。

宗教を「宣教する」自由を憲法で保障することに関しては、別の立場からも批判が向けられた。ロークナート・ミシュラはヒンドゥー保守派の立場から、イスラーム教やキリスト教の宣教が「ヒンドゥー文化の完全な絶滅」につながるとして、「もし人々が宣教活動を行うならば、そのようにさせればよい。私はただ、憲法がそれを基本権として奨励するようなことがないよう望む」と述べた。他の議員（ローヒニー・クマール・チョードリー）は、宣教活動の自由そのものは肯定しながらも、宣教師が他宗教を攻撃することを防ぐ規定が憲法にないことに懸念を示した。こうした異論はあったものの、第一九条第一項は若干の修正を経て可決され、宗教を「宣教する」自由もそのまま保持された。

草案の第一九条第二項（a）は、「本条のいかなる規定も既存の法律の運用に影響するものではなく、また、国家が以下の目的のために立法を行うことを妨げるものではない。（a）宗教的実践に関連する経済的、財政的、政治的あるいはその他の世俗的活動の規制および制限」というものであった。これに対してK・T・シャーは、もしインドが世俗国家であろうとするならば、宗教がその本来の目的から逸脱して商業活動や政治活動を行った場合、それを禁止する権限が国家に与えられるべきだとして、「規制および制限」という箇所に「禁止」という語句を挿入することを提案した（否決）。

一方、同条項の（b）は「社会の福利と改革を規定し、また公共的性格を持つヒンドゥー教の宗教施設をヒンドゥー教徒のあらゆる階層に開放すること（その目的のために国家が立法を行うことを妨げない）」というものであった。ここで示されているのは、信教の自由と社会正義の間にある潜在的な緊張関係であり、両者が対立した場合には後者が優先されるという原則である。つまり、先述したヒンドゥー合同家族制度をはじめ、さまざまな社会的慣習は宗教に関係するものが多いのだが、それが差別や各種の社会悪を内包するとき、それを信教の自由の名のもとに正当化して改革を拒むことは許されないということである。（b）の中で特に言及されているヒンドゥー教宗教施設の開放とは、それまで被差別階級や女性の立ち入りが禁じられていた一部のヒンドゥー寺院が、カーストや性別を問わず全ての信者に開放されるべきであるという原則を示している。

憲法のこの規定にもかかわらず、個人の信教の自由を保障した第一九条（公布後の憲法では第二五条）と、宗教コミュニティの権利を保障した第二〇条（同じく第二六条）は保守派にしばしば引用され、宗教的慣習の改革を拒絶するための論拠として利用された。結局のところ、信教の自由の範囲は曖昧であり、様々な解釈の余地を残していたということであろう。

紆余曲折の末一九五〇年一月二六日に施行されたインド憲法は、三九五条と八つの付則からなる、世界で最も長大な憲法である。インド憲法は改正が容易な軟性憲法であり、今日までに一〇〇回以上の改正が行われている。

憲法によって定められた政治の基本的な枠組みは、州と中央政府が協力して統治を行う連邦制である。とはいえ、同じく連邦制をとるアメリカなどと比べると州の独立性は弱く、中央による介入も容易である。

ちなみに、家族法は中央と州の共同管轄事項とされている。したがって、本書では中央政府の家族法政策を中心に議論するが、一部の州では独自の措置を取っていることに注意する必要がある。たとえば、かつてポルトガル植民地であった西部のゴア州では、一八六七年のポルトガル民法典（Portuguese Civil Code）がインド編入後も継続して使用されている。

中央政府の頂点には大統領が置かれた。ただしその役割は多分に名目的であり、実際の権力は内閣が握っている。中央政府の議会（連邦議会）は二院制をとり、その定員は上院が二五〇、下院が五五二と上限を定められている。上院議員は大統領による指名（最大一二議席）と州議会を通じた間接選挙（最大二三八議席）で選ばれるのに対し、下院は大統領によって指名されるアングロ・インディアンの代表二議席を除いては、成人普通選挙で選出される。五年に一度行われる連邦下院の総選挙はインド最大の政治イベントであり、各党の総力を傾注した選挙活動が展開される。なお、このようなインド憲法の統治制度は、実はその大部分を一九三五年のインド統治法（Government of India Act）から引き継いでいる。

インド憲法はその第一七条で不可触民制度の廃止を宣言した。それに伴って不可触民という言葉自体も用いられなくなり、代わりに指定カーストという用語が登場した。だが同時に、第四六条（この条項は、後に詳しく論じる「国家政策の指導原理」の一つである）では彼らと指定部族（山間部などに居住し、独自の文化を持つ民族集団）の教育・経済状況の改善のために政府が特別な措置を講じるべきことが定められ、加えて第三三〇条と第三三五条では、彼らのために議会と公職における留保枠を設けることも定められている。つまりインド憲法は、不可触民（および指定部族）の不利益になるような差別は禁じたものの、彼らのエンパワーメントのために、国が彼らを特別扱いすることを公然と宣言したわけである。

政治・経済・社会のすべての側面において、上位カーストと不可触民の間に圧倒的な格差が存在するとき、彼らを同等に扱うならば、それは結局カースト差別を固定化するだけである。その意味で、不可触民のためのアファーマティブ・アクション（積極的差別是正措置）が憲法に明記されたのは、至極適切なことであったろう。だが、こうした措置が行き過ぎれば、その制度の恩恵に被《こうむ》らなかった人々から逆差別との批判が出ることは必至である。そして実際、その後のインドでは、留保制度を争点とする訴訟や大規模な抗議運動が繰り返し行われ、社会の不安定化の一つの要因になっている。

3 ヒンドゥー民法典論争

制憲議会で憲法草案の審議が行われていた一九四八年、ヒンドゥー家族法の改革法案であるヒンドゥー民法典法案の審議も開始された。この法案を最も熱心に後押ししたのは、一人は首相のジャワーハルラール・ネルーであり、もう一人は法相のB・R・アンベードカルである。カシミールのバラモン出身で、大富豪の父親を持つネルーと、マハーラーシュトラの貧しい不可触民階級から身を起こしたアンベードカルは、ともに留学経験を持つ法律家であるという一点を除けば、社会的背景も政治的立場も対照的と言っていいくらい異なっていた。だがこの二人は、その出発点こそ異なるものの、社会正義を実現するためにヒンドゥー家族法の抜本的な改革を目指す点においては目標を共有していた。

しかし、独立前のあらゆる家族法改革の試みと同様に、あるいはそれ以上に、ヒンドゥー民法典法案は保守派の激しい反発を招いた。特に批判されたのは女性の相続権拡大、一夫多妻制の非合法化、離婚制度の導入、結婚に関わるカースト的慣習の廃止といった改革であった。後にインド初代大統領に選出されるラージェーンドラ・プラサードも急進的な改革には懸念を表明し、改革者たちの進歩的な思想を大衆に押し付けるものだとして法案を批判した。彼はまた、イスラーム教徒など少数派コミュニティの家族法が温存される一方でヒンドゥー教徒の家族法だけが改革の対象とされることを差別的措置と非難したが、こうした感覚は保守派の議員たちの間で広く共有されていた。法案への反対は一般社会にも広がり、一九四九年三月には「全インドヒンドゥー民法典法案反対委員会」が結成され、激しい抗議運動を繰り広げた。

反対派が特に激しく批判した論点の一つは、法案に離婚に関する規定が含まれていることだった。彼らによれば、ヒンドゥー教徒にとって結婚は神が男女の間を取り持つことによって成立する神聖なものであり、一旦結ばれた婚姻関係は、決して人間の意思によって解消することができない。したがって、離婚という観念自体が反ヒンドゥー教的であり、到底容認できないというのであった。

女性の相続権を拡大することについては、それが合同家族制度の崩壊につながるとして批判された。反対派は、女性に相続を認めることによって土地の細分化が進み、家族の間で様々な問題が生じることを懸念した。また、従来全く相続権を持たなかった娘に息子の半分に相当する相続権を認めることは、同様の規定を持つイスラーム法の原則をヒンドゥー教徒に適用しようとするものだ、という批判もあった。こうした批判に対して、賛成派の議員たちは、改革が女性の地位を改善するものであることを強調し、「母なるインドを解放した今、母、姉妹、そして娘たちを解放することは私たちの責務だ。それこそが、私たちの勝ち取った自由の最高の目標なのだ」と議論した［Guha 2008a: 240］。

THE TIMES OF INDIA

Marriage Is A Sacrament, Asserts Mr. Chatterjee

MR. PATASKAR'S CONTENTION REBUTTED IN LOK SABHA

NEW DELHI, April 29.

写真4　離婚条項への反対意見を報じる新聞記事
出典：*Times of India* 30 Apr 1955

全般的に、反対派は法案の内容があまりにも急進的であり、ヒンドゥー教の伝統からかけ離れていると見ていた。加えて彼らが主張したのは、制憲議会は直接選挙によって選出された国民の代表機関ではなく[3]、ヒンドゥー民法典法案も国民の支持を得ていない、したがって制憲議会には国民の生活に深くかかわる家族法の改革を行う権限がない、ということだった。こうした批判を受けて、アンベードカルは法案に若干の修正を加えて保守派への譲歩を行ったが、審議は依然とし

写真5　国民会議派の選挙ポスター（1952年）　出典：Ramachandra Guha. 2008. *India after Gandhi: The History of the World's Largest Democracy.* New Delhi: Picador India.

て難航した。

　憲法の完成に伴って一九四九年一一月に制憲議会が解散したのちも、臨時議会においてヒンドゥー民法典法案の審議は続けられた。しかし議会内外での猛反対を受けて法案は頓挫し、アンベードカルは失意のうちに法相の職を辞した。その後、一九五一年から五二年にかけてインドでは第一回総選挙が行われたが、ヒンドゥー家族法はそこでも主要な争点になった。国民会議派を率いるネルー首相はヒンドゥー民法典法案を選挙マニフェストの中心に据え、一方ヒンドゥー・マハーサバーなどの右派勢力はその廃案を訴えて選挙戦を戦った。選挙の結果、会議派は過半数の議席を確保し、一方の右派は数議席を獲得するにとどまった。こうして、ネルー首相はヒンドゥー家族法の改革に対して国民の支持を得た形になり、反対運動はその勢いを失った。政府はもとの法案を分割し、一九五五年から五六年にかけてヒンドゥー婚姻法（Hindu Marriage Act）、ヒンドゥー相続法（Hindu Succession Act）など四つの法律を成立させた。

　このような顛末をたどったヒンドゥー家族法改革について、研究者の評価は分かれている。歴史学者のラーマチャンドラ・グハは、一連の改革について「伝統と正統主義から大きく前進した」と評し、「ヒンドゥー教徒の女性が自分の結婚相手を選ぶこと、他カーストの男性と結婚すること、そして離婚することを初めて可能にした（改革は、夫または父親の財産に対する女性の権利をも大きく向上させた）」として、女性の地位向上に関して大きな成果を収めたとの見方を示した［Guha 2008b: 195］。

　これに対し政治学者のニヴェーディター・メーノーンは、一九五〇年代のヒンドゥー家族法改革は北インドの高カーストコミュニティの慣習を規範として法典化する試みであって、女性のための改革ではない、と議論する。彼女によれば、法案の作成に携わったラーオやアンベードカルは女性の地位向上を目指していたものの、反対派への譲歩を行う中で法案は骨抜きになり、最終的に成立した四つの法律は、女性の立場を強めることにほとんど貢献しないか、場合によっては逆効果であったという。たとえば、多くのコミュニティでは慣習的に離婚が許容されていたものの、ヒンドゥー婚姻法の成立によって離婚には厳しい条件が設けられた結果、これらのコミュニティの女性にとっては、離婚という手段に訴えることが以前よりも難しくなった［Menon 2008: 74］。

加えて、仮に法律が女性の権利を支持したとしても、それが実社会において彼女たちの立場を向上させるかどうかは別問題である。ジェンダー研究者スリマティー・バスによると、彼女の調査したヒンドゥー女性のうち、ヒンドゥー相続法（一九五六年）の認める相続権を行使しているのは一八・三パーセントにとどまった［Basu 2001: 169］。つまり大半の女性は相続権を放棄しているのであり、それは高学歴の女性においても同傾向だったという。その背景にあるのは、女性は相続権を主張すべきではないという伝統的な価値観であり、それが彼女たちに権利の行使をためらわせているのである。

このことは、植民地時代以来行われてきた、立法的措置による社会改革の試み全般に共通する限界を提示している。つまり、改革者たちは法律を変えればそれに伴って社会も変わるという信念のもとに立法を行うのだが、人々の価値観と合致しない法律は、実社会において極めて限定的な効果しか持ちえないということである。児童婚や寡婦差別など、一九世紀にはすでに対策法が作られていた社会慣行や通念が今日まで存続しているという事実は、そのことを端的に証明していると言えよう［UNICEF 2014, Shafi 2016］。インド出身のフェミニスト思想家G・C・スピヴァクが言うように、法律は社会問題の最終解決ではなく、あくまで最初の一歩として捉えられるべきものである［Spivak 2010］。ヒンドゥー家族法改革も法律を制定したことで完了するのではなく、その法律が真に意味を持つためには、社会の改革を伴わなければならない。そして、その改革は今も道半ばといえるだろう。

4　ムスリム家族法をめぐる諸外国の動向

こうしてヒンドゥー教徒の家族法が大改革を経る一方、イスラーム教徒をはじめとするマイノリティの家族法はほぼ手つかずのまま残され、植民地時代の制度がそのまま引き継がれることになった。だが世界に目を転じると、インドでヒンドゥー家族法改革が進んだ一九五〇年代は、実は中東諸国でムスリム家族法改革が進み、特に女性の権利拡大に関して大きな前進が見られた時代でもある。

中東においては、一九一七年のオスマン帝国家族権法（The Ottoman Law of Family Rights）を嚆矢として、家族法改革の潮流が形成された。改革のテーマはどの国においてもほぼ似通っており、離婚に際しての男女の権利の極端な不平等と、一夫多妻制が主な争点であった。オスマン帝国家族権法においては、少数派のマーリク学派の学説を援用することによって妻の離婚権を拡大したが、このように他の法学派の解釈を選択的に取り入れることで女性の法的地位を向上させる手法は、その後の各国の改革でも踏襲された。アラブ諸国のこうした動きは、時代の変化に合わせて法解釈も変わっていくべきだとする、エジプトの法学者ムハンマド・アブドゥフらのイスラーム近代主義思想の影響を受けていたとされる［湯浅　一九七六：二一四］。

このような家族法改革の流れは、一九五〇年代にその頂点に達した。この時期、ヨルダン（五一年）、シリア（五三年）、チュニジア（五七年）、モロッコ（五八年）など、各国が次々と家族法改革を実施し、一夫多妻制に厳格な条件を付したり、夫による一方的な離婚権の行使に制限を設けるなどした。特にチュニジアの改革は最も急進的であり、一夫多妻制が全面的に禁止された。

こうした中東諸国の一連の改革の影響下で制定されたのが、パキスタンのムスリム家族法令（Muslim Family Laws

Ordinance）（一九六一年）である。この改革の方向性は中東諸国のそれとほぼ共通しているが、興味深いのは、この法令の中で離婚に際しての仲裁が制度化されたことである。すなわち、離婚に先立って仲裁委員会への届け出が義務付けられ、その日から数えて最低でも九〇日経たなければ離婚は成立しないことが定められた。これにより、夫の独断で離婚された妻が社会的・経済的に困難な状況に陥るリスクが軽減され、女性の身分の安定化に寄与した。一夫多妻制についても、仲裁委員会の許可を必要とするという条件が設けられた。

こうしてインドとは対照的に、パキスタンでは独立後の比較的早い時期にムスリム家族法の改革が実施され、婚姻における女性の法的立場は著しく向上した。イギリス植民地から同一の法体系を受け継いだ二国は、ムスリム家族法に関して全く異なる道を歩むことになったわけである。しかし、「イスラーム国家」パキスタンがムスリム女性の法的地位を向上させた一方で、近代的な世俗国家であるはずのインドがそれに失敗したことは、控えめに言っても皮肉な事態であろう。

インドはなぜムスリム家族法改革の国際的潮流から取り残されたのだろうか。それには政治的要因と、法的手続きに関する要因が考えられる。

まず政治的要因とは、長らく政権を担ってきた国民会議派の、この問題に対する姿勢である。ヒンドゥー民法典法案をめぐる大混乱は、家族法改革が大きな政治的リスクを伴うことを会議派に認識させた。加えて、会議派はイスラーム教徒を有力な支持層の一つとしていたために、彼らの宗教感情を刺戟する恐れのあることは避けるべきという政治的計算が働いた（後述する「シャー・バーノー訴訟」の際にラージーヴ・ガーンディー政権が見せた対応はその好例である）。またムスリム・コミュニティが、改革を主導できるリベラルな指導者を欠いていたことも指摘できるだろう。

次に法的手続きに関する要因とは、ムスリム家族法がその大部分において不文法であるという事実に関連している。たとえば、仮に一夫多妻制が男女平等の原則に反するとしても、それを裁判所が違憲と判断して禁止することは極めて難しい。なぜなら、違憲審査の対象になるのは議会によって制定された法律だけであり、文化や慣習の領域に属する事柄については審査の術がないからである。実際、一九五一年にボンベイ高等裁判所が出したある判決は、ムスリム家族法が違憲審査の対象にならないことを明言し、その後の裁判でも繰り返し引用されることになった［*The State of Bombay v. Narasu Appa Mali*, 1952］。こうしたことから「ムスリム家族法は憲法を超えている」「ムスリム家族法は政府が手を付けることのできない領域である」という言説が生まれ、この問題に関する保守的なムスリム世論の台頭を促すことになる。そして、改革を拒絶するムスリム保守層と、改革を唱道する各種の勢力の間の激しい論争が、その後の家族法の歴史を彩っていくことになるのである。

三　見果てぬ夢を追って——統一民法典は可能なのか

「はじめに」でも述べたように、インド憲法の第四四条は「国家政策の指導原理」として、政府が統一民法典制定のために努力すべきことを定めている。ところが現実には、憲法制定から七〇年近い歳月が経った今日においても統一民法典は実現しておらず、そのめどすら立っていない。本節では、統一民法典をめぐる諸問題に焦点を当てながら、現代インドにおける世俗主義についての考察を行いたい。

1　憲法第四編「国家政策の指導原理」とは何か

統一民法典の問題を巡っては、様々な主張が錯綜している。政府は直ちに統一民法典を制定すべきだとする議論もあれば、現状を維持し、制定を無期限に先送りすることを好ましいとする見方もある。こうした立場の違いは、一つには、統一民法典に言及した憲法第四四条に対する理解の相異に起因している面がある。先述の通り、第四四条は「国家政策の指導原理」と題された第四編に含まれている。しかし、これがどのような性格を持ち、憲法の中でどのような位置を占めているかということについては、これまで十分な注意が払われてこなかったように思う。そこで本節では、まずこの「国家政策の指導原理」という憲法上の概念を取り上げ、統一民法典の問題について考えるための糸口としたい。

インド憲法の第四編「国家政策の指導原理」は、第三六条から第五一条までを含む。この編の性格は、第三七条において明らかにされている。曰く、「この編に含まれる規定は、いかなる裁判所においても履行を強制することができるものではない。しかしそうであったとしても、そこで示されている原理は、国家の統治において根本的なものであり、法律を制定する際にこれらの原理を適用することは政府の責務である。」

ここから、二つのことが明らかになる。第一に、統一民法典の件も含め、「国家政策の指導原理」は司法的拘束力を持たないということ。第二に、この編は主として立法に際して政府の依拠すべき原理原則を示しているということである。なお、インド憲法第四編には、政府が統一民法典制定のため努力すべきことを定めた第四四条以外に、

・富の集中を防止し、生産手段が公共の利益に供するよう図ること（第三九条c）
・男女同一賃金の実現（第三九条d）
・働く権利、教育を受ける権利、並びに失業、老齢、疾病、障害その他の場合において公的な補助を受ける権利の保障（第四一条）
・社会的弱者、特に指定カーストと指定部族の教育的、経済的利益の保護（第四六条）
・美術的、歴史的価値を有する史跡の保全（第四九条）
・公正で名誉ある外交関係の維持（第五一条b）

といった条項が含まれる。第三九条（c）には社会主義的経済政策への志向が窺われ、また第四一条や四六条には、福祉国家型の政府像を見て取ることができるだろう。いかにもインドらしい規定としては、パンチャーヤット（村落自治のための住民の代表機関）の形成（第四〇条）、医療目的以外の酒類と薬物の禁止（第四七条）、牝牛、子牛、並びにその他の乳牛と畜牛の屠殺の禁止（第四八条）といったものがある。このうち、パンチャーヤットは一九九二年の憲法改正で詳細な規定が施され、村落開発事業の主体として位置づけられることになった。酒類と牛肉についても、複数の州においてその販売や取引が禁止または制限されている。

「裁判所において履行が強制されない」と自ら宣言する第四編は、憲法の中ではやや異質な存在である。だからこそ、第四編が制憲議会で議題に上がったとき、個々の条項の内容以前に、この編の性格が複数の議員から批判された。P・S・デーシュムクは「憲法の中にはこうしたもののための場所はない。これらは一種の選挙公約のようなものだ」と、編そのものが存在すべきではないという見方を示し、ナズィールッディーン・アフマドは「もしこれらの原理が純粋に指導的性格のものであり、司法的強制力を持たないのならば、ここに加えられるべき原理は他にもあるだろう。たとえば、『嘘をつくなかれ』とか『隣人に不親切にするなかれ』など」と、皮肉交じりに批判した［Constituent Assembly Debates, 5 Nov. 1948］。

インド憲法の第四編「国家政策の指導原理」は、直前の第三編「基本権」と深いかかわりがある。インド人指導者たちによる憲法の構想は一九二〇年代から始まっており、その過程では基本権の問題も熱心に議論されていた。一九四五年にサプルー委員会が発表した報告書の中で、司法的強制力を持つものと持たないものに基本権を分類すべきだとする見解がはじめて示され、後者がやがて「国家政策の指導原理」の原型になるのである。ただしサプルー委員会では、もっぱらマイノリティ問題とのかかわりで基本権が考えられており、必ずしも包括的なものではなかった。

諸外国の憲法を詳細に検討したうえでインド憲法の素案を作成したのは、第一節でも登場したB・N・ラーオである。ラーオもまた、基本権のうちにはその性質上司法的拘束力を持たせるのがふさわしいものとふさわしくないものがあると考えており、その二つが一九三七年施行のアイルランド憲法の中で「基本権」と「社会政策の指導原理」という形で区別されていることに気づいた。そして、この区分をインド憲法に導入することが、一九四六年一二月一三日の制憲議会でネルーによって示された憲法の理念（第二節参照）を実現するうえで有効だと考えたのである。

ラーオは当初から、司法的拘束力を持たない条項を憲法に盛り込むことへの批判を予期していた。しかし、この種の宣言を憲法に含めることが近年諸外国で一般的になりつつあり、またこれらは少なくとも「教育的な価値」を持つとしてこれを擁護している。一方、ラーオの素案をもとに憲法草案を作成した憲法起草委員会委員長のアンベードカルによれば、インドは政治的民主主義に加えて「経済的民主主義」の実現を目指さなければならない。しかし、その手段は一つではないと考えられるので、方向性だけを示しておいて拘束力はない「国家政策の指導原理」のような形が最もふさわしいという［Markandan 1966: 137］。要約すると、インド憲法の第四編「国家政策の指導原理」は第三編「基本権」から派生しており、法的拘束力を持たせるのがふさわしくないと考えられた社会権、経済権などを念頭に、国民のそうした権利を保障する方向に政府の政策を導くことを意図したものだったと言えるだろう。そして、このような積極的権利を憲法に盛り込むことは、一九一九年のワイマール憲法を嚆矢とする当時の国際的潮流であった。

したがって統一民法典をめぐる問題も、基本的には国民の権利の保障という観点から考えられてきたと言える。統一民法典が制定されれば、民法の分野で同一の法律が全国民に適用されることになる。これは近代人権思想の大前提である「法の下の平等」を実現するために不可欠であり、したがって統一民法典の制定は、基本権を考える過程で必然的に浮上する問題だと言える。実際、この問題を審議した分科委員会では、当初この条項を「基本権」の章に含めることが検討されていたが、わずか一票差で否決されたという[Markandan 1966: 190]。この条項は同委員会でのちに再び取り上げられ、「社会政策の指導原理」(その後「国家政策の指導原理」に改称)の章に含めることが決定された。ハンサー・メヘター、ラージクマーリー・アムリト・コウルらの議員は、統一民法典の制定が無期限に先送りされることを警戒し、五年ないし一〇年という年限を設定することを提案したが、これは採用されなかった。

2 統一民法典をめぐる制憲議会の議論

ここで再び制憲議会に戻り、そこで統一民法典をめぐってどのような議論がなされたかを確認しておこう。制憲議会において、統一民法典の制定に前向きな議員たちがその利点としてしばしば言及したのは、それが国民統合に役立つということだった。アッラーディ・クリシュナスワーミー・アイヤールは「この条項は、実際は(諸コミュニティ間の)親善を目指している。……その背景にあるのは、相続やその他の事柄に関して異なる制度が存在することが、異なる民族の間の相異(を生み出し、強化すること)に寄与しているという考えだ。……私たちは、インド全体を一つの国家に統合することを望んでいる。問われるべきは、私たちが国民統合を助ける要素(統一民法典制定)に協力しているか、それともこれまでのように、この国を互いに対立するコミュニティの集まりにしておくのかということだ」と述べた。

家族法を存続させる限り女性に平等を与えることはできないとして、女性の権利保障という観点から統一民法典の制定を訴える者もいた。差別的な家族法を廃止し、統一民法典を制定することが女性の権利の保障につながるという考えは今日でも根強く、フェミニスト知識人や各種の女性団体は、統一民法典をめぐる議論の中で重要な役割を果たしている。

これに対して、統一民法典の制定に慎重な議員たちは、主にマイノリティの文化的・宗教的権利との関係においてこれを批判した。彼らによれば、家族法は宗教の一部であり、したがって統一民法典を制定して各コミュニティの家族法を廃止すれば、特にマイノリティにとっては信教の自由の重大な侵害になる、というのである。フセイン・イマームは「マイノリティの家族法は保護されるべきだ。マジョリティにはその必要はない、なぜなら彼らは多数派であり、彼らの完全な同意なくしては何事も議会を通過しないのだから。しかしマイノリティにはこの特権がない。したがって、イスラーム教徒とその他のマイノリティの家族法が、彼らがその保持を望むのであれば、彼ら自身の過半数の支持なしには議会の介入を受けないようにする必要がある」と主張した［Constituent Assembly Debates, 8 Nov. 1948］。統一民法典について規定した草案の第三五条（公布された憲法の第四四条に相当）の個別審議が始まった一九四八年一一月二三日には、ムハンマド・イスマーイールも、家族法に従う権利が「宗教の一部であり、文化の一部」であるとし、フセイン・イマームとほぼ同趣旨の提案を行っている［Constituent Assembly Debates, 23 Nov. 1948］。ナズィールッディーン・アフマドも、当該コミュニティの同意なしに家族法が変更されることへの警戒感を表明し、この条項は信教の自由を定めた草案の第一九条（公布後の憲法では第二五条）を無効化するものだとして批判した［Constituent Assembly Debates, 23 Nov. 1948］。

植民地政府の下で宗教別家族法の存在が認められていたことを理由に、統一民法典制定を目指す政府の姿勢を批判する声もあった。マドラスのP・S・バハードゥルは、イギリス人がインド統治に成功した一つの理由は家族法にあるとし、そのイギリスからの独立を勝ち取った今、インド人は皮肉にも自らの家族法に従う自由を放棄することになるのか、と問うた。先述したナズィールッディーン・アフマドも、「イギリス人が一七五年の間になし得なかったこと、（中世の）イスラーム教徒の支配者も五〇〇年間手を付けなかったことを一挙にやるような権限を、我々は政府に与えるべきではない」と批判した。

家族法を廃止することは世俗主義の精神に反する、という趣旨の批判もあった。ムハンマド・イスマーイールは「私たちが築こうとしている世俗国家は、人々の生活習慣や宗教に干渉するようなことは一切すべきではない。人々はなぜ統一民法典を望むのか？　それは明らかに、統一性を通じて調和を実現するという考えに基づいているのだろう。だがそのために家族法を含め民法を画一化する必要はない、と私は言いたい」と述べた［Constituent Assembly Debates, 23 Nov. 1948］。M・A・B・S・バハードゥルは「世俗国家では、日常生活や言語、文化、家族法などを含めあらゆる事柄の共通法がなければならないと人々は考えているようだが、これは正しい世俗国家観ではない。世俗国家においては、異なるコミュニティに属する国民はそれぞれの宗教を実践する自由を有するべきなのであり、彼らの暮らしに対してはそれぞれの家族法が適用されるべきである」と主張した。

そもそも、制憲議会に家族法改革を行う権限があるのかどうかを問う声もあった。先述のP・S・バハードゥルは、あるヒンドゥー教団体の見解として、制憲議会の議員は家族法改革を争点として選挙を戦い、選出されたわけではないのだから、家族法を扱うべきではない、との議論を紹介した。また、ナズィールッディーン・アフマドは、いつか統一民法典が実現する日が来るだろうが、今はまだ機が熟していない、との見方を示した［Constituent Assembly Debates, 23 Nov. 1948］。

注目すべきは、統一民法典制定に反対するこれらの議員が、一人の例外もなくイスラーム教徒だったという事実であろう。イスラーム教には、クルアーンの記述と預言者の言行を主な法源とする宗教法があり、またその解釈をめぐる法学の豊かな伝統がある。それだけに、イスラーム教徒は法律を宗教の重要な一部分とみなす傾向があり、家族法の改革に対して抵抗感を示したのだった。加えて、フセイン・イマームが強調したように、万一政府が家族法改革を強行した場合、マイノリティであるイスラーム教徒にはそれを阻止する力がない。そのこともまた、彼らの間に改革への警戒感を強化したと思われる。

こうしたムスリム議員たちからの批判に対して、法相のアンベードカルがまず指摘したのは、仮に政府が統一民法典を制定するとしても、それは従来の政策の延長線上にあり、何ら議論を呼ぶべきものではないということだった。アンベードカルは、刑法だけではなく民法分野でも統一的な法律が多数制定されていることから、インドは実質的にすでに民法を持っており、しかもそれは統一的なものだ、それにカバーされていないのは婚姻と相続だけだ、と論じた。彼はまた、一九三七年のシャリーア適用法制定以前は多くの地域でイスラーム教徒にもヒンドゥー教徒の相続法などが適用されていたことを指摘し、彼らの家族法があたかも昔からの伝統であるかのように主張する議員たちを牽制した［Constituent Assembly Debates, 23 Nov. 1948］。

加えてアンベードカルは、もし家族法が保持されるならば、それは社会改革にとっての障害になるだろうという見方を示した。「結局のところ、私たちは何のために自由を勝ち取ったのか？　それは、不正義と差別に満ちあふれ、基本権と矛盾する社会制度を改革するためである。それゆえ、家族法は司法の対象外だなどと思ってはいけない」。彼はまた、いくら信教の自由が保障されていると言っても、それは宗教コミュニティが常に絶対的な権利を持つことを意味するのではないという点を強調した。「信仰や儀式といったものに宗教の定義を限定するとしても、それは何ら非常識なことではない。たとえば、借地や相続に関わる法律が宗教にその根拠を持つ必要はないのである。……個人的に、私はなぜ宗教が人の一生をカバーするほどの大きな司法権を与えられ、立法府の介入を拒むことが許されなければならないのか、理解できない」。

統一民法典をめぐる制憲議会での議論から明らかになることは、世俗主義という概念が実際のところ何を意味するのかについて、議員たちの間にはっきりとした合意が存在しなかったということである。家族法の改革に反対したムスリム議員たちは、インドは世俗国家であるがゆえに、政府は宗教に干渉すべきではなく、宗教コミュニティに最大限の自己決定権が与えられるべきだと主張した。それに対し、法相のアンベードカルや統一民法典制定に積極的な議員たちは、インドが世俗国家であるからこそ、宗教の領域は最小限に限定されるべきであり、また国民統合のため、諸宗教の間に存在する差異は解消されていかなければならないという立場を取った。

統一民法典をめぐる今日の議論の中においても、世俗主義が重要なキーワードであることは間違いない。それが民主主義や連邦制とならぶインドの国是であることは広く承認されているが、抽象的な概念だけに様々に解釈される余地があり、それが統一民法典をめぐる議論を複雑にしている。より直截な表現をするならば、誰もが自分の立場を正当化するために世俗主義を都合よく解釈していると言ってもいいだろう。インドの「ヒンドゥー国家」化を目指すと公言するヒンドゥー右派勢力すら世俗主義を語る現在の状況を見るとき、その感は一層強くなる。そして、今日のインドで統一民法典制定の最大の支持勢力になっているのが、そのヒンドゥー右派なのである。この一見奇妙な事態を理解するためには、宿痾のようにインドを苛む宗教対立と、その中で統一民法典の問題が議論された、一九八〇年代以降のインド政治に目を向けなくてはならない。

3　シャー・バーノー訴訟とその余波

インド近現代史の中でも、一九七〇年代後半から八〇年代はとりわけ波乱に富んだ時代であった。まず一九七五年にはインド国民会議派のインディラ・ガーンディー政権によって非常事態宣言が発令され、反政府活動家の一斉検挙など強権的な政策がとられた。これにより国民の不興を買った会議派は、非常事態宣言解除後の一九七七年の総選挙で敗北し、人民党（Janata Party）を中心とする連立政権が発足した。会議派が下野するのは、インド独立後初めてのことであった。

この時期に、連立政権の一翼を担った大衆連盟（Jana Sangh）の支持母体であるヒンドゥー右派組織民族奉仕団（Rashtriya Swayamsevak Sangh）が勢いを増し、イスラーム教徒との宗教対立が先鋭化した。複数政党の連合体だった人民党は政権運営が安定せず、一九八〇年の総選挙でインディラ・ガーンディー率いる会議派に敗北を喫したが、政権交代後も北インドや西インドで宗教暴動が続発した。なお、大衆連盟はその後インド人民党（Bharatiya Janata Party）と改称し、二〇一八年現在、連邦議会下院で単独過半数の議席を有するインド最大の政党に成長している。

さらにこの時期には、東部のアッサム州で大規模な反移民暴動が起こり、加えて西部のパンジャーブ州において、シク教徒の独立国「カーリスターン」創設を求める運動が起こった。この運動もやがて過激化し、一九八四年六月にはシク教の総本山ダルバール・サーヒブに軍隊が投入されて数百人が殺害される事態になった。この挙に対する報復として、インディラ・ガーンディー首相は同年一〇月に自身のシク教徒の護衛によって暗殺された。これに対し、デリーでは反シク教徒暴動が起こり、約一〇〇〇人が虐殺された。

こうした悲劇に輪を掛けるかのように、同年一二月には中部の都市ボーパールで、市内の殺虫剤工場から多量の有毒ガスが流出し、死者約五〇〇〇人、負傷者約五六万八〇〇〇人（州政府発表）という史上最悪規模の産業災害が発生した。その一方で、インディラ・ガーンディーの跡を継いだ長男のラージーヴ・ガーンディーは八四年末の総選挙で圧勝し、新政権は順調な滑り出しを見せた。

そのラージーヴ・ガーンディー政権にとって最初の試練になったのが、シャー・バーノー訴訟と呼ばれる裁判と、それに付随して起こった一連の騒動であった。シャー・バーノーは中部の都市インドール出身のムスリム女性で、最高裁の判決が出た頃にはすでに七〇歳を過ぎた老女であった。彼女は裕福な弁護士であった夫のM・A・ハーンとの間に五人の子供があったが、一九七八年に離婚を通告され、約四五年間にわたる結婚生活に一方的に終止符が打たれた。彼女は刑事訴訟法第一二五条に基づいて元夫に月々の生活費の支払いを求め、地裁と高裁は彼女の主張を認めてハーンに支払いを命じた。しかし彼は、イスラーム法に定められた生活費の支払期間は離婚後の三か月までであり、その期間が終了した以上、もはや支払う義務はないと主張して判決を不服とし、最高裁に上訴した。

最高裁は一九八五年四月二三日に判決を下し、高裁の判断を支持してハーンの訴えを退けた。判決文の中で裁判長のY・V・チャンドラチュードは、刑事訴訟法は非宗教的な法律であり、イスラーム教徒もその適用対象外ではないことを言明したうえで、クルアーンから関連箇所を引用し、この判決はイスラーム法の精神にもかなっているのだと議論した。その上で判決文は統一民法典の問題に言及し、「これほど明らかな不正義が行われているのを許すことは耐え難い」として、憲法第四四条を履行して統一民法典を制定するよう政府に求めた。

この判決は、イスラーム教徒の間から激烈な反発を引き起こした。刑事訴訟法がムスリム家族法よりも優先されたこと、ヒンドゥー教徒の裁判官が独自の解釈に基づいてクルアーンを判決文に引用したこと、そしてムスリム家族法を「不正義」と形容して統一民法典制定を主張したことなど、この判決はあらゆる意味で彼らにとって歓迎すべからざるものだったからである。まもなく、ウラマー層が中心となってこの判決を「イスラームへの攻撃」と非難し、全土で大規模な抗議運動が開始された。政権は当初判決を支持する姿勢を見せたため、イスラーム教徒の怒りの矛先は与党の会議派にも向けられた。八五年末にかけて行われた複数の選挙において、会議派はイスラーム教徒の多い選挙区で敗北を喫し、シャー・バーノー訴訟のために政権が彼らの支持を失ったことが浮き彫りになった。

イスラーム教徒の支持を取り戻すため、ラージーヴ・ガーンディー政権はムスリム女性（離婚における権利保護）法案（Muslim Women (Protection of Rights on Divorce) Bill）と呼ばれる法案を作成し、大急ぎで成立させた。この法律は、ムスリム女性が離婚した場合、彼女には刑事訴訟法ではなくムスリム家族法に基づいて元夫から三か月分のみの生活費の支払いが行われることを定めたもので、つまりその名称とは裏腹に、離婚したムスリム女性の権利を制限するものだった。別の見方をすれば、非宗教的な法律であるはずの刑事訴訟法から、ムスリム女性がその宗教を理由として除外されることになったのであり、国民の平等権を保障した憲法第一四条や、宗教に基づく差別を禁じた憲法第一五条との整合性も極めて疑わしい措置であった。(4)

シャー・バーノー訴訟とその後の政権の対応から明らかになるのは、家族法改革と統一民法典制定問題をめぐる、司法（裁判所）と立法府の温度差である。前節で論じた通り、ムスリム家族法の改革は、この問題に対する国民会議派の態度のために長らく妨げられてきた。だがそれは主として立法的改革に関わる問題であって、司法面での改革はその限りではない。

日本と同様、インドでは立法・司法・行政の三権が分立しており、裁判所はほとんどの場合において、権力者の政治的思惑とは独立した判断を示してきた。そして当然ながら、その根底にあるのは憲法であり、裁判所は憲法の命じる基本権の保障や、統一民法典制定といった目標を実現する方向で判断を行ってきたといえる。シャー・バーノー訴訟における最高裁の判決も、元夫に刑事訴訟法に基づいた生活費の支払いを命じることによって、収入源を持たない高齢の離婚女性の基本的人権を守るものであったと評価できよう。

別の角度から見るならば、この判決は宗教法と一般法が競合する分野では後者が優先されるという原則を示すことによって、法制度の世俗化を志向するものでもあったといえる。むろんこの方向性は、究極的には憲法第四四条の命じる統一民法典の制定に通じるものであり、こうした判断がインド憲法の精神に合致しているとチャンドラチュード裁判長が考えていたとしても、それは至極合理的なことだろう。

判決文の中でチャンドラチュードは、統一民法典制定の困難さを認識しつつも、「政治的勇気」を発揮して「最初の一歩」を踏み出すよう政府に呼びかけた。当時の与党国民会議派は下院で単独過半数を有しており、政権が最高裁のこの呼びかけに応えていたならば、改革を断行する能力は十分に有していたと思われる。ところが、時のラージーヴ・ガーンディー政権はそれだけの「政治的勇気」を持たず、むしろ最高裁の要請に逆行する内容を持つ法律を制定した。最高裁判決は法制度の世俗化を志向していたが、ムスリム票の確保を狙った政権の政治的判断がその方向性を裏切ったのであった。

政権が場当たり的な対応でムスリム保守層の批判をかわし、その代償に女性の権利を犠牲にしたことは、多くの国民を失望させた。とりわけ、この件について最も強い怒りを表明したのは、民族奉仕団などのヒンドゥー右派勢力であった。彼らは、ヒンドゥー教徒の家族法が独立後に大規模な改革を経た一方で、その他のコミュニティの家族法がほとんど手つかずのまま保持されたことを差別的措置と以前から批判しており、シャー・バーノー訴訟での政権の対応は、彼らのそうした不公平感を強化するものであった。この事件を機に、国民統合と女性の権利保護を二つの大義名分として、ヒンドゥー右派勢力は統一民法典制定への要求を強めていくことになる。だが、家族法を宗教的伝統の一部と考えるマイノリティ、特にイスラーム教徒の保守層にとっては、ヒンドゥー右派勢力のこうした主張は自らの宗教に対する攻撃に他ならない。こうして、本来宗教対立を乗り越えるべく構想された統一民法典をめぐる議論は、「マジョリティ（ヒンドゥー教徒）対マイノリティ（特にイスラーム教徒）」という対立の構図に深くはまり込んでゆくことになる。

4　経済成長と宗教暴動の時代――一九九〇年代から現在までのインド

シャー・バーノー訴訟の後、ラージーヴ・ガーンディー率いる国民会議派政権は大規模な汚職事件に関与して急速に人気を失い、一九八九年の総選挙で下野した。ガーンディーはその後、選挙活動中に自爆テロリストの襲撃に遭って非業の死を遂げた。

一九九一年に政権を奪還した会議派は新経済政策を打ち出し、大規模な規制緩和と外資の導入に踏み切った。この政策は功を奏し、かつてその鈍重さゆえに「ヒンドゥー成長率」と揶揄されたインドの経済成長は急速に加速することになる。いまやインド経済は、ＢＲＩＣｓ（ブラジル・ロシア・インド・中国）の一角として世界の注目するところになったのである。だが急速な経済構造の変化は多くの軋轢を生じ、貧富の格差を広げ、社会不安を醸成することにもなった。そして、そのような人々の不安・不満を一つの原動力として、九〇年代にはヒンドゥー右派の活動が活発になってゆく。インド人民党も、八〇年代後半から着実に勢力を伸ばしていた。

インド人民党が勢力を拡大する上で重要な役割を果たしたのが、「ラーマ生誕地解放運動」と呼ばれる一連のキャンペーンである。この運動は、北インドの小都市アヨーディヤーを叙事詩『ラーマーヤナ』に描かれるラーマ神の都と同定し、そこにラーマ神を記念する寺院の建設を目指すものであった。当時アヨーディヤーにはムガル皇帝バーブルの名を冠した古いモスクが存在したが、活動家たちはその場所こそがラーマ神生誕の地であると主張したために、ラーマ寺院の建設は同時にモスクの破壊・撤去をも意味していた。

インド人民党とその関連団体は、八〇年代後半からこの運動に熱心に取り組み、その過程で多くのヒンドゥー教徒の共感を勝ち取ることになった。それまでインド人民党は高カーストを主な支持基盤としていたが、この運動を機に中・下位カーストにも支持層を広げた。運動はやがて過激化し、ついに一九九二年一二月、警官隊の制止を振り切った暴徒の手でバーブルのモスクは完全に破壊された。この事件はインド各地で宗教暴動を誘発し、無数の人命が失われた。

写真6　グジャラート暴動　出典：Edward Luce. 2011. *In Spite of the Gods.* London: Abacus

さらにその一〇年後の二〇〇二年、西部のグジャラート州においてインド独立後最大規模の宗教暴動が発生した。この種の出来事にはありがちなことであるが、各種の公的機関や人権団体の算出した犠牲者の数には大きな開きがあり、実態の把握は困難である。だが、ヒンドゥー教徒よりもはるかに多くのイスラーム教徒が犠牲になったことは間違いなく、単なる偶発的な暴動というより「虐殺」あるいは「ポグロム」

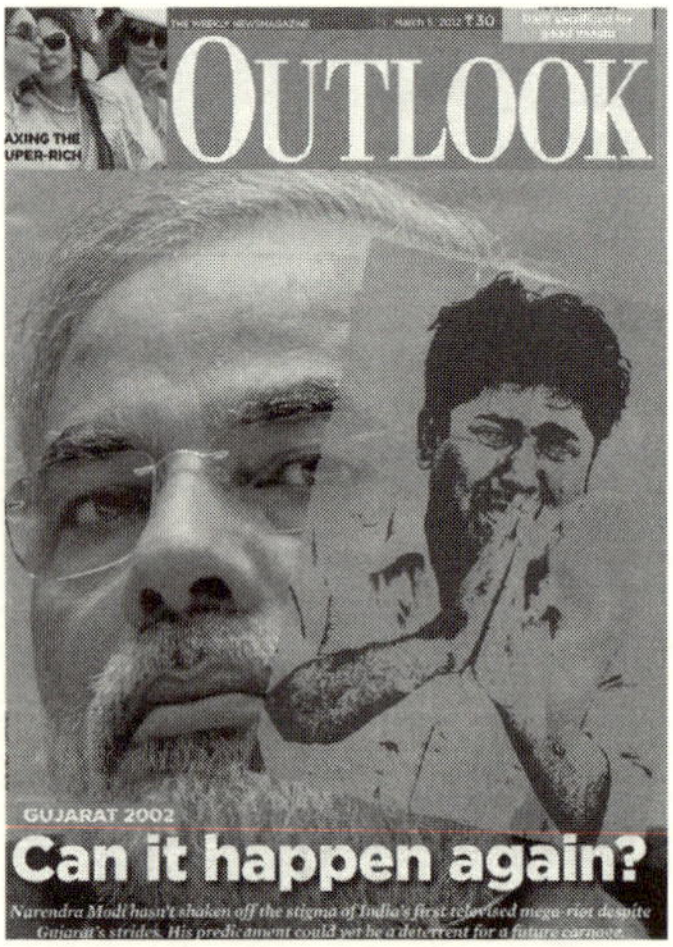

写真7　グジャラート暴動の特集を組んだ2012年の雑誌の表紙
出典：*Outlook* 5 March 2012

という表現がふさわしい事件であった。

事件の規模以上に世間を震撼させたのは、この出来事がきわめて組織的、計画的に行われたことであり、その一部は州政府の積極的関与なしにはありえないものだったという点である。当時、グジャラートで政権に就いていたのはインド人民党であった。州首相のナレーンドラ・モーディーも事件への関与が疑われたが、彼はそれによって支持を失うどころか、同年の州議会選挙で圧勝して州首相に再選された。その後、彼は二〇一四年まで政権を維持し、その間にグジャラート州は著しい経済成長を遂げた。

一方中央政府では、二〇〇四年以来国民会議派が政権を担っていた。首相を務めたマンモーハン・シンは高潔な人柄で知られたが、彼の政権では大規模な汚職事件が続発した。インドは経済発展しているのに、政府の腐敗のために成長の果実が庶民に届いていないという不満が国民の間に蓄積し、二〇一四年の総選挙での会議派の敗北につながった。一方、インド人民党は単独過半数を獲得する地滑り的大勝をおさめ、グジャラート州首相から転身したモーディーが政権を担うことになった。

二〇一八年二月現在に至るまで、インド人民党政権下で大規模な宗教暴動は起っていない。しかし、牛肉食を禁止する動きが広がったり、各地でキリスト教徒を狙った襲撃事件が起きるなど、政治的にも社会的にも、ヒンドゥー右派がますます大胆な動きを見せ、マイノリティに対する圧力が強まっているようにも見える。そして、ムスリム世論に配慮していた前政権とは異なり、モーディー首相の率いるインド人民党政権は、家族法改革と統一民法典制定に関しても積極的な姿勢を見せ始めている。

5　ムスリム家族法改革と統一民法典問題の新展開

シャー・バーノー訴訟から約三〇年が経った二〇一六年、再びムスリム家族法が世間の耳目を集めた。そして前回同様、事件の発端になったのは、ある夫婦の離婚にまつわる訴訟であった。

今回の裁判の焦点は、原告シャーイラー・バーノーの夫が離婚に際して行使した、トリプル・タラークと呼ばれる婚姻解消方法が合法と認められるか否かという点にあった。シャーイラー・バーノーは「突然に、一方的に、不可逆的に」婚姻関係を終結させるような離婚の様式は違憲であるとして、裁判所が令状を発給してトリプル・タラークを無効化することを求めていた［*Shayara Bano v. Union of India and Ors.*, 2017］。

ここでタラークという概念についてひとこと解説を加えておくべきだろう。タラークとはムスリムの婚姻解消形態の一つで、夫にのみ認められた、口頭または書面での一方的通告による離婚である。スンナ（正統）のタラークと呼ばれる規範的な形態の場合、夫による通告の後にイッダ（ウルドゥー語ではイッダト）と呼ばれる期間（通告後妻の三回目の月経が終了するまで）が設けられ、それが満了して初めて離婚は確定的なものになる。イッダの間であればタラークは撤回可能であり、また親族など第三者の仲裁がなされる余地がある。

写真 8　モーディー首相
出典：Wikimedia Commons

それに対してトリプル・タラーク、すなわち一度に三回かそれ以上のタラーク通告が行われた場合、イッダなしで即座に離婚が確定する。というのは、クルアーンに「離婚は二回まで」（第二章第二二九節）という規定があり、タラーク通告が二回を超えてなされた場合、それは撤回不能になると解されるからである。トリプル・タラークはスンナのタラークの要件を満たしていないビドア（変則）のタラークであるが、その歴史は古く第二代正統カリフウマル（在位六三四―六四四）の時代にさかのぼる。インドで最も影響力のあるハナフィー学派を含め、スンナ派四法学派はいずれも伝統的にトリプル・タラークを承認している。

ところが、中東のムスリム家族法改革（第二節第4項を参照）では夫による専断的な離婚権の行使に制限が設けられ、トリプル・タラークは大半の国で廃止された。パキスタンにおいても、仲裁委員会の介入を義務付けることによって、即座に離婚を確定させるトリプル・タラークは事実上不可能になっていた。したがって今回のシャーイラー・バーノー訴訟では、最高裁がこうした国際的潮流に沿ってトリプル・タラークを禁止するのか、そしてそれを契機として政府がムスリム家族法改革に着手するのかどうかが、世間の高い関心を集めていた。

最高裁は二〇一七年八月二二日に判決を下し、三対二の多数決によってトリプル・タラークの差し止めを命じた。この判決を受けて、政権はムスリム女性（結婚における権利保護）法案（Muslim Women (Protection of Rights on Marriage) Bill）と呼ばれる法案を作成し、二〇一七―一八年冬の国会に提出した。この法案は、与党が過半数を占める下院においては即日通過したものの、上院で野党の抵抗に遭い、このブックレットが執筆された二〇一八年二月現在に至るまで審議が続いている。

今回の判決で注目されたのは、五人の裁判官のうちトリプル・タラークの差し止めに賛成した三人が、どのような論理を用いたのかという点であった。というのも、第二節第4項で触れたように、不文法であるムスリム家族法は違憲審査の対象にならないとする判例が存在しており、今回の裁判でも、反対票を投じた二人はその立場を踏襲していたからである。

差し止めに賛成したのは、クリアン・ジョセフ、ロヒントン・ファリ・ナリーマーン、ウダイ・ウメーシュ・ラリトの三裁判官である。三者とも一九三七年のシャリーア適用法を引用している点は共通するが、ジョセフ裁判官と残りの二者はそれぞれ異なる論理を用いている。

ジョセフ裁判官によれば、シャリーア適用法はトリプル・タラークを認めていない。トリプル・タラークは預言者の言行に合致しない変則的形態であるため、シャリーアの一部とはみなせないのである。そしてシャリーア適用法によって非シャリーア的慣習法が排除されている以上、トリプル・タラークはいかなる法的根拠も持たず、それによる離婚は無効と判断される。

それに対してナリーマーン、ラリト両裁判官は、シャリーア適用法はその第二条においてトリプル・タラークを認めていると議論する。そして、「いかなる仲裁もなしに、ムスリム男性の気まぐれや衝動によって結婚が破壊されうるとする、この種のタラークは明白に恣意的」であり、憲法一四条（平等権）に違反している。ゆえに、シャリーア適用法第二条は（トリプル・タラークを認めているために）「本憲法制定以前に施行されていたあらゆる法律のうち、本章の規定に反するものは無効とされる」という憲法第一三条第一項の規定に抵触することになり、無効である。

このようにしてジョセフ、ナリーマーン、ラリトの三裁判官は異なる論理を用いながらも、トリプル・タラーク差し止めという同じ結論に達した。ムスリム家族法は裁判所による審査の対象外であるとする過去の判例に対し、（成文法である）シャリーア適用法を介して、間接的に（不文法である）ムスリム家族法を審査できることを示したのである。これは、従来家族法改革を妨げてきた問題を乗り越えたという点で重要な判決といえるだろう。

また、この判決を受けて政権が新法の制定に着手したことにも注目する必要がある。二〇一八年二月現在上院で審議が行われている法案では、トリプル・タラークを行った者に対して三年以下の懲役と罰金が科せられることになっている。つまりこの法案が成立すれば、トリプル・タラークは離婚手段として無効であるのみならず、刑事事件として処罰されることになる。

インド人民党は、結党後の早い段階から統一民法典制定を主張してきた歴史を持つ。したがって、今回モーディー政権がムスリム家族法改革に着手したのを統一民法典への布石と捉える見方も強い。実際、政府の法律委員会は二〇一六年一〇月に統一民法典に関するアンケートを公表し、二〇一八年一月には諸宗教の代表者を集めて意見を聞くなど、統一民法典制定の準備とも思える動きはすでに着々と進んでいる。一九五〇年の憲法制定から約七〇年間にわたって棚上げされてきた統一民法典の問題が、今ついに動き出そうとしているのかもしれない。

おわりに——すべての涙をぬぐうまで

二〇一七年、インド人民党政権は独立以来最大規模の税制改革を断行した。その際、改革のスローガンとしてモーディー首相が連呼していたのが、「一つの国家、一つの税金（one nation, one tax）」というフレーズである。「一つの税金」が実現した今、次に来るのは何か——。首相の口から「一つの国家、一つの法律（one nation, one law）」というスローガンが叫ばれる日も遠くはないと感じたのは、筆者だけではないだろう。

モーディー首相率いるインド人民党政権が統一民法典制定も視野に入れた家族法改革に乗り出したことは、これまで宗教別家族法の問題を指摘し、改革を求めてきたすべての人々にとって朗報であるかに見える。ところが興味深いことに、政権が統一民法典制定に前向きになればなるほど、従来それを支持してきたリベラルやフェミニストが慎重姿勢に転じる動きを見せている。そこには、彼らがインド人民党政権に対して抱く、ある種の不信感が反映されている。

民族奉仕団を支持母体とするインド人民党が、ヒンドゥー右派勢力と深いかかわりを持っていることは紛うことなき事実である。そして、その民族奉仕団やインド人民党の指導者がしばしば合言葉のように用い、その実現を目指すと公言しているのが、「ヒンドゥー国家」（Hindu Rashtra/ Hindu Nation）という言葉である。彼らの真意が奈辺にあるにせよ、この言葉から自然とイメージされるのはヒンドゥーの宗教や文化を中心とする国家像であり、そこには多様性を尊重するよりもマジョリティの立場を優先させようという多数派主義の姿勢がにじんでいる。

インド人民党がこのようなイデオロギー的性格を持っているという事実が、これまでフェミニズムやリベラリズムの立場から統一民法典を支持してきた人々に警戒感を与えている。インド人民党がヒンドゥー右派勢力に政治的・思想的な基盤を持っている以上、彼らは統一民法典も、ヒンドゥー的な家族制度や価値観をマイノリティに押し付けるための道具として捉えているのではないか、という懸念が払拭しがたいからである。そうであるならば、インド人民党政権主導の統一民法典制定は、インドが独立以来守り抜いてきた世俗主義を破壊し、国のかたちを根底から変えることにもつながりかねない。それゆえに、政権の周囲で統一民法典制定への気運が高まるのに比例して、それに対する慎重論も強まっている。

そもそも、社会的弱者の権利を保護することが統一民法典制定の最大の目的であるならば、そのためには統一民法典は必ずしも必要ではなく、各宗教の家族法の改革で十分ではないかという議論もありうる。ここから導かれるのが、法的多元主義（legal pluralism）という考えである。重要なことは、憲法の保障する基本権をすべての国民が等しく享受できるようにすることであり、それは宗教別家族法を廃止せずとも相当程度可能であると考えられる。だがこの方針を採用するにしても、既存の家族法の大改革が必要になることには変わりない。また、各宗教の家族法の特徴を残しながら基本権の保障と実質的平等を達成するという課題の困難さを考えるならば、統一民法典制定の方がむしろ現実的だという考えもありうるだろう。

今日、統一民法典をめぐる議論が高度に政治化し、あたかも多数派と少数派の争いの火種のようなものとしてそれが語られる傾向にあることは、率直に言って遺憾な事態であろう。いま一度、統一民法典構想の原点を確認しておくならば、それは全国民、特に女性を含む社会的弱者の基本権保障のために立案され、憲法に含められたものであった。そして現実に、インドの宗教別家族法には様々な問題があるのであり、法改革はいまだに喫緊の課題であり続けている。しかも、見落とされがちなことであるが、問題があるのはムスリム家族法だけではなく、ヒンドゥー家族法やクリスチャン家族法も各種の瑕疵を含んでいることが指摘されている［Patil 2017］。

本文中（第三節第1項）で確認したように、統一民法典に言及したインド憲法第四四条は、いかなる裁判所においてもその履行を強制できるものではないとされている。言い換えると、この条項は回答を一義的に定める準則（rule）ではなく、国家の政策を一定方向に誘導する狙いを持った原理（principle）として理解されるべきものであり、そのことは第四四条を収めた憲法第四編が「国家政策の指導原理」と題されていることからも明らかである。それゆえに、第四四条の示す原理を実現するやり方も一つとは限らない。宗教別家族法を存続させたまま実質的平等を目指す法的多元主義のようなアプローチも、一つの選択肢として検討に値するものではあろう。

あくまで憲法に忠実であろうとするならば、最も重要なことは、その改革において国家が主導的役割を果たすことである。憲法第四四条は、統一民法典制定に向けて努力すべき主体を国家と言明している。この点を踏まえるならば、これまで一部の政治家や保守的な宗教指導者が繰り返してきた、家族法改革は当該コミュニティ自身にゆだねるべきであるというような主張は、第四四条の要求とは逆行する議論であろう。

本書の冒頭で引用した独立前夜の演説「運命との約束」の中でネルーは、新生国家インドが担う「責任」について語った。

自由と権力は責任を伴う。私たちの未来は決して安逸なものではない。むしろそれは、私たちがこれまで何度も立て、そして今日また立てようとしている誓いを果たすための、絶え間ない苦闘にほかならぬであろう。私たちの時代の最も偉大な人物（注：ガーンディー）は、すべて目から涙をぬぐうことを願っている。それは私たちの力を超えているかもしれない。しかし、そこに涙と苦しみがある限り、私たちの仕事は終わらないのだ。

「すべての目から涙をぬぐう」というインドの「責任」は、いまだ果たされていない。それは法制面でも未完成であるし、社会的にはなおのことそうである。そもそも、インドがどれほど発展しようとも、「すべての目から涙をぬぐう」ことなど、あるはずもないだろう。あるのはただ、ネルーの言うとおり「絶え間ない苦闘」のみである。法的平等を達成するために、社会正義を実現するために、そしてすべての国民を幸福にするために、「絶え間ない苦闘」を続けること。それが独立に際して国家の背負った「責任」であり、インドの「運命との約束」なのだろう。

注

（1）本書で宗教別家族法、または単に家族法と呼ぶ概念は、英語のパーソナル・ロー（personal law）に相当する。パーソナル・ローは、逐語的には属人法と翻訳されるもので、属地法（territorial law）の対概念である。すなわち、属地法が国家や州など一定領域の中で一律に適用される法律であるのに対し、属人法は、ある種の条件を備えた人々に選択的に適用され、かつ超域的性格を持つ法であるといえる。インドのパーソナル・ローは、その適用対象者を宗教によって規定している。ムガル帝国時代には、民事裁判に際してヒンドゥー教徒にはヒンドゥー法、イスラーム教徒にはイスラーム法が適用されたが、これは近現代のパーソナル・ロー制度の原型と言える。後に詳しく見るように、一八世紀後半にイギリス植民地政府がパーソナル・ロー制度の採用を決定したとき、物権なども含む私法の多くの範囲がそれによってカバーされていた。しかし、一九世紀になるとパーソナル・ローの一般法への置き換えが進み、現在ではパーソナル・ローの範囲は婚姻や相続といった、家族法の分野とほぼ一致している。そのため本書では、一般になじみの薄い「属人法」や「パーソナル・ロー」といった表現を避け、「(宗教別）家族法」という概念でこれに代えることにする。

（2）ただしヒンドゥー教とイスラーム教以外のマイノリティ宗教では多少事情が異なる。キリスト教の場合、一九世紀後半になるとインドキリスト教徒婚姻法（Indian Christian Marriage Act 一八七二年）など、彼らを対象とする家族法が制定された（ただしこれは主としてインド在住のイギリス人を念頭に置いた立法であった）。相続に関してはインド相続法（Indian Succession

Act 一八六五年、一九二五年改正）がキリスト教徒に適用可能とされたが、多くの場合インドのキリスト教徒は改宗前の慣習法を継続して使用した。ゾロアスター教徒（パールシー）の場合、植民地政府は当初イギリス法を適用したが、一八五〇年代に独自の家族法制定の要求が起こり、一八六五年にパールシー無遺言相続法（Parsee Intestate Succession Act）とパールシー結婚・離婚法（Parsee Marriage and Divorce Act）が成立した。

（3） 制憲議会の議員は、州議会（provincial assembly）議員による選挙によって選出された。

（4） シャー・バーノーの弁護士だったダニアル・ラティーフィは、ムスリム女性法が成立して間もなく、同法の違憲審査を求める訴訟を起こした［*Danial Latifi and Anr. v. Union of India*, 2001］。この判決で最高裁は、同法は刑訴法第一二五条の要求を実質的に満たしているとして、違憲立法には当たらないという認識を示した。また、シャー・バーノー訴訟以降の複数の判例では、ムスリム女性法が刑訴法と同じく無期限の生活費支払いを命じていると解釈することによって、離婚したムスリム女性の経済的地位の安定が図られてきた［Subramanian 2008: 646］。ここにも、法解釈を通じた基本権の保障を目指す、裁判所の姿勢が表れているように思われる。

参考資料

［英語文献］

Agnes, Flavia

2011 *Family Law Volume 1: Family Laws and Constitutional Claims*. New Delhi: Oxford University Press.

2011 *Family Law Volume 2: Marriage, Divorce, and Matrimonial Litigation*. New Delhi: Oxford University Press.

Bandyopadhyay, Sekhar

2009 *From Plassey to Partition: A History of Modern India*. New Delhi: Orient Blackswan.

Basu, Srimati

2001 'The Personal and the Political: Indian Women and Inheritance Law.' Larson, Gerald James (ed.) *Religion and Personal Law in Secular India: A Call to Judgment*. Bloomington and Indianapolis: Indiana University Press.

2015 *The Trouble with Marriage: Feminists Confront Law and Violence in India*. New Delhi: Orient Blackswan.

Constituent Assembly of India

1946-1950 *Constituent Assembly Debates*. Official website of the Parliament of India.（http://164.100.47.194/Loksabha/Debates/cadebadvsearch.aspx 最終閲覧日二〇一八年三月二九日）

Fyzee, Asaf A. A.

1974 *Outlines of Muhammadan Law.* Fourth edition. Delhi: Oxford University Press.

Guha, Ramachandra

2008a *India after Gandhi: The History of the World's Largest Democracy.* Indian edition (first published 2007 by Macmillan). New Delhi: Picador India.（ラーマチャンドラ・グハ、佐藤宏訳　二〇一二『インド現代史（上・下）』明石書店）

2008b 'The Challenge of Contemporary History' *Economic and Political Weekly.* Volume 43, no. 26/27, pp. 192-200.

Jain, M. P.

1966 *Outlines of Indian Legal History.* Second edition. Bombay: N. M. Tripathi Private Ltd.

Jha, D. N.

2009 *The Myth of the Holy Cow.* New Delhi: Navayana.

Kashyap, Subhash C.

2001 *Our Constitution: An Introduction to India's Constitution and Constitutional Law.* Third edition. New Delhi: National Book Trust, India.

Majumdar, Rochona

2009 *Marriage and Modernity: Family Values in Colonial Bengal*. Durham and London: Duke University Press.

Mansergh, Nicholas

1969 *The Commonwealth Experience.* London: Weidenfeld and Nicolson.

Markandan, K. C.

1966 *Directive Principles in the Indian Constitution*. Bombay: Allied Publishers Private Limited.

Menon, Nivedita

2008 'The Historian and "His" Others: A Response to Ramachandra Guha.' *Economic and Political Weekly.* Volume 43, no. 40, pp. 73-76.

Menski, Werner

2006 *Comparative Law in a Global Context: The Legal Systems of Asia and Africa*. Second edition. Cambridge: Cambridge University Press.

Metcalf, Thomas R.
1994 *Ideologies of the Raj,* The New Cambridge History of India 3-4. Cambridge: Cambridge University Press.

Mukhopadhyay, Maitrayee
1994 "Brother, There are Only Two Jatis – Men and Women." Construction of Gender Identity: Women, the State and Personal Laws in India. Doctoral thesis (Social Anthropology). University of Sussex.

Nair, Janaki
1996 *Women and Law in Colonial India: A Social History*. New Delhi: Kali for Women.

Newbigin, Eleanor
2013 *The Hindu Family and the Emergence of Modern India: Law, Citizenship and Community*. Cambridge: Cambridge University Press.

Patil, Shalaka
2017 'After Triple Talaq, a Look at the Other Discriminatory Personal Laws that Need to Go.' *Wire,* 28 Aug. 2017.（https://thewire.in/171451/personal-law-reform-gender/ 最終閲覧日二〇一八年三月二九日）

Shafi, Showkat
2016 'Widows in India: My Children Threw Me Out of the House.', *Aljazeera,* 8 Mar. 2016.（http://www.aljazeera.com/indepth/inpictures/2016/03/windows-india-children-threw-house-160303111807076.html 最終閲覧日二〇一八年三月二九日）

Shetreet, Shimon and Hiram E. Chodosh
2015 *Uniform Civil Code for India: Proposed Blueprint for Scholarly Discourse*. New Delhi: Oxford University Press.

Singh, M. P.
2017 *Outlines of Indian Legal and Constitutional History.* Eighth edition. Gurgaon: LexisNexis.

Spivak, G. C.
2010 'Situating Feminism.' Beatrice Bain Research Group Annual Keynote Lecture, Program in Critical Theory, University of California at Barkeley, 26 Feb. 2010.

Subramanian, Narendra
2008 'Legal Change and Gender Inequality: Changes in Muslim Family Law in India.' *Law and Social Inequity*. Volume 33, issue 3, pp. 631-672.

2010　'Making Family and Nation: Hindu Marriage Law in Early Postcolonial India.' *Journal of Asian Studies*. Volume 69, no. 3, pp. 771-798.

UNICEF (United Nations Children's Fund)

2014　*Ending Child Marriage: Progress and Prospects*. New York: UNICEF.

Williams, Rina Verma

2006　*Postcolonial Politics and Personal Laws: Colonial Legal Legacies and the Indian State*. New Delhi: Oxford University Press.

［日本語文献］

秋田茂

二〇一二『イギリス帝国の歴史――アジアから考える』中央公論社。

アンダーソン、ベネディクト（白石隆、白石さや訳）

二〇〇七『定本想像の共同体――ナショナリズムの起源と流行』書籍工房早山。

伊藤弘子

二〇〇五「第4章　インド」柳橋博之編著『現代ムスリム家族法』日本加除出版。

辛島昇・その他一〇名監修

二〇一二『［新版］南アジアを知る事典』平凡社。

佐藤正哲・中里成章・水島司

一九九八『〈世界の歴史⑭〉ムガル帝国から英領インドへ』中央公論社。

中島岳志

二〇〇五『ナショナリズムと宗教――現代インドのヒンドゥー・ナショナリズム運動』春風社。

狭間直樹・長崎暢子

一九九九『〈世界の歴史㉗〉自立へ向かうアジア』中央公論社。

柳橋博之

二〇〇一『イスラーム家族法――婚姻・親子・親族』創文社。

湯浅道男編著

一九七六「パキスタン・イスラム婚姻法研究序説」『愛知学院大学宗教法制研究所紀要』第一九号。

［判例］

Danial Latifi and Anr. v. Union of India, 2001 SCC (7) 740.
Mohd. Ahmed Khan v. Shah Bano Begum and Ors., 1985 AIR 945, 1985 SCR (3) 844.
Shayara Bano v. Union of India and Ors., 2017 (7) SCJ 477.
Smt. Sarla Mudgal, President, Kalyani and Ors. v. Union of India and Ors., 1995 AIR 1531, 1995 SCC (3) 635.
The State of Bombay v. Narasu Appa Mali, AIR 1952 Bom 84, (1951) 53 BOMLR 779, ILR 1951 Bom 775.

年表

1600	**イギリス東インド会社設立**
1726	ジョージⅠ世の特許状
1772	ヘースティングズの司法制度改革
1813	イギリス東インド会社領内でのキリスト教宣教解禁
1828	ラーム・モーハン・ローイがブラフモ・サマージを設立
1829	ベンガル・サティー規制法
1856	ヒンドゥー寡婦再婚法
1857	インド大反乱（58年まで）
1858	**イギリス東インド会社解散**
1872	特別婚姻法
1885	インド国民会議派結成
1892	承諾年齢法
1905	ベンガル分割令
1906	ムスリム連盟結成
1909	モーリー・ミントー改革
1914	**第一次世界大戦**（18年まで）
1915	ガーンディーが南アフリカから帰国
1917	**オスマン帝国家族権法**
1935	インド統治法
1937	ヒンドゥー女性財産権法
	シャリーア適用法
1939	**第二次世界大戦**（45年まで）
	ムスリム婚姻解消法
1941	**日本が第二次世界大戦に参戦**（12.8）
1942	クリップス使節団訪印（3.22）
	クイット・インディア運動開始（8.9）
1947	**パキスタン独立**（8.14）
	インド独立（8.15）
1948	ガーンディー暗殺（1.30）
1949	憲法法案が制憲議会を通過（11.26）
1950	憲法施行（1.26）
1951-52	第1回総選挙
1955	ヒンドゥー婚姻法
1956	ヒンドゥー相続法、ヒンドゥー未成年・後見法、ヒンドゥー養子縁組・扶養法
1961	**パキスタン・ムスリム家族法令**
1964	ネルー死去（5.27）
1975	インディラ・ガーンディー政権が非常事態宣言を発令（6.25）
1977	第6回総選挙で会議派が下野、人民党中心の連立政権が発足
1984	政府軍がシク教総本山を攻撃、数百人死亡（6.5-6）
	インディラ・ガーンディー暗殺（10.31）
1985	シャー・バーノー訴訟最高裁判決（4.23）
1986	ムスリム女性（離婚における権利保護）法
1992	バーブルのモスク（アヨーディヤー）破壊（12.6）
2002	グジャラート暴動（2-3）
2014	第16回総選挙でインド人民党が圧勝、ナレーンドラ・モーディーが首相就任
2017	シャーイラー・バーノー訴訟最高裁判決、トリプル・タラーク差し止め（8.22）

インド地図
（国境、州境は 2018 年現在のもの。地名は、主として本文中に言及されているもののみを記載）

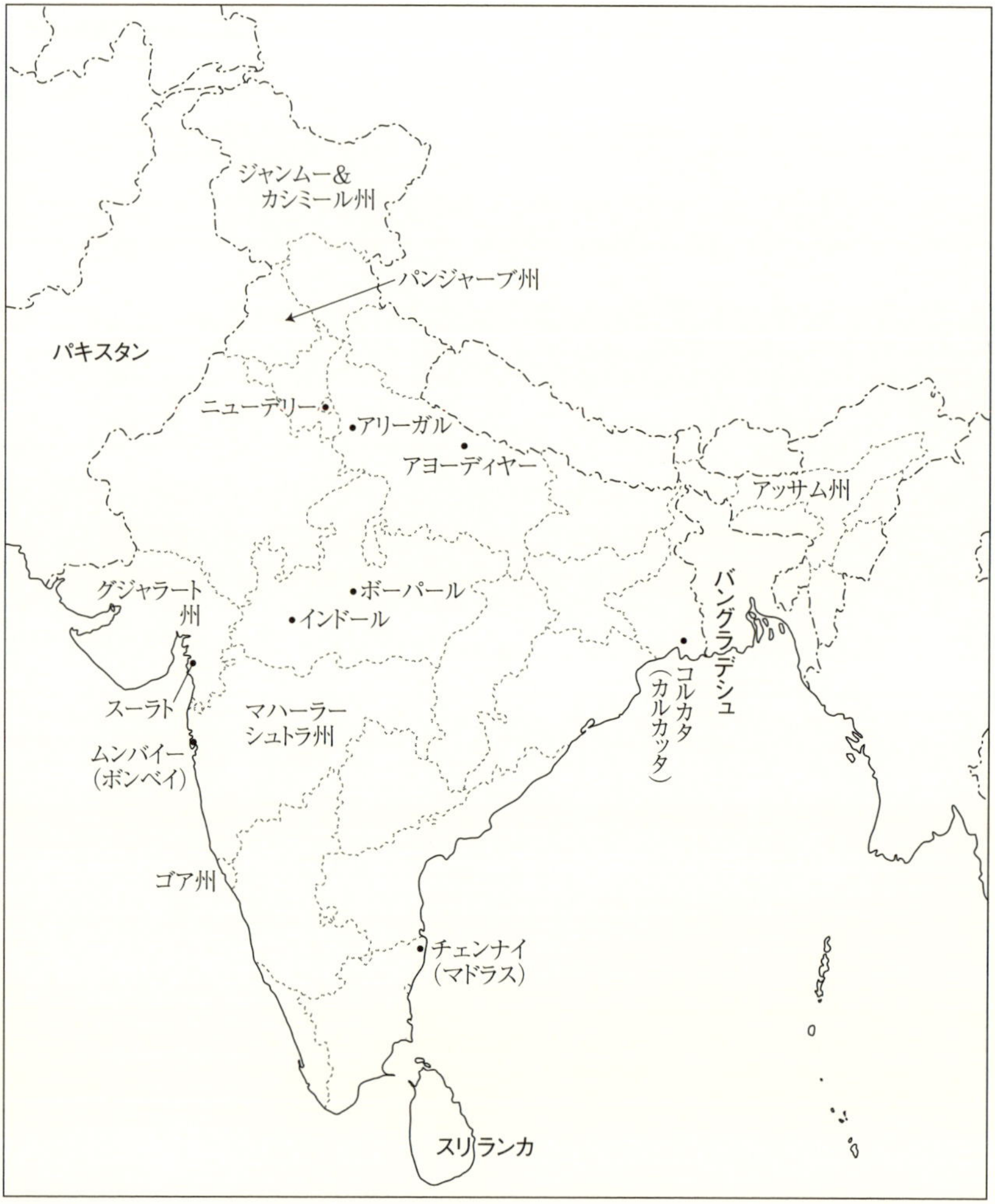

d-maps.com の白地図（http://d-maps.com/carte.php?num_car=4182&lang=en）をもとに筆者作成

あとがき

家族法は、私の本来の研究テーマではなかった。私がそれに本格的に取り組みはじめたのは、留学開始から一年が経った頃だと記憶している。インドの友人たちとの交際から様々なことを学び、また思索する過程で、私の中の問題意識が熟し、このテーマに結びついていったように思う。植民地時代にその淵源を持つ家族法制度と、それと不可分の関係にある統一民法典の問題を併せて論じれば、そこにインド近現代史を貫く一本の経糸《たていと》が見えてくるのではないか。当時のそんな思いが、本書の出発点である。

本書は帰国後に全編を書き下ろした。過度に専門的な事柄への言及は控え、全体としての読みやすさを重視したつもりである。執筆は決して楽な作業ではなかったが、心中に温めてきた構想を形にし、それをこうして発表できることに、いま深い喜びを感じている。

本書の執筆に至るまでには、多くの先生方の学恩に浴した。井坂理穂先生には、東京大学教養学部と大学院総合文化研究科において、インド研究の手ほどきを受けた。藤井毅先生には約三年半にわたってヒンディー語を教えていただいた。Rohan D'Souza 先生には留学前から目をかけていただき、またインド到着から入寮までのしばらくの間、ご自宅に寄宿させていただいた。

留学中に在籍したジャワーハルラール・ネルー大学では、世界的に名の知られた研究者たちに親しくご指導いただく機会を得た。特に Radhika Singha 先生からは法制史研究の面白さを学んだ。Indivar Kamtekar 先生には、特別婚姻法の研究に際してご指導を賜り、本書の内容にもかかわる多くのアドバイスをいただいた。このほかにも、私がその薫陶を受けた先生・先輩方は数知れない。

留学に際しては、公益財団法人松下幸之助記念財団の多大なご支援を受けた。特に財団の大門成行さんと谷口ひとみさんには、帰国後のフォーラムと、今回のブックレット出版に関しても大変ご尽力いただいた。風響社の石井雅社長、フォーラム委員会の諸先生方、そして同期執筆者である臼杵悠さん、金子亜美さん、白石奈津子さんには、拙稿に目を通していただき、非常に有益なコメントを多数頂戴した。この場を借りて厚く御礼申し上げる。

いま、お世話になった方々に思いを馳せ、それに引き比べて己の不甲斐ないありさまを省みるとき、ただただ慚愧の念を深めるばかりである。とかく怠惰で不勉強な私であるが、これからも感謝の思いを忘れることなく、精進を重ねていきたいと思う。

著者紹介
藤音晃明（ふじおと てるあき）
1991年、大分県生まれ。
東京大学教養学部卒業、ジャワーハルラール・ネルー大学社会科学研究科修士課程（歴史学）修了。
現在の所属は浄土真宗本願寺派教尊寺、東京大学文学部インド哲学仏教学専修課程。
論文に「近代インド仏教についての一考察：ダルマーナンダ・コーサンビーの生涯と思想から」（『マハーラーシュトラ』第12号）など。

世俗主義と民主主義　家族法と統一民法典のインド近現代史

2018年10月15日　印刷
2018年10月25日　発行

著者　藤音晃明

発行者　石井　雅
発行所　株式会社　風響社

東京都北区田端4-14-9（〒114-0014）
Tel 03（3828）9249　振替 00110-0-553554
印刷　モリモト印刷

ISBN987-4-89489-404-4　C0022